发现科学世界丛书

放眼看世界

姜靖榆　编著

吉林人民出版社

图书在版编目(CIP)数据

放眼看世界 / 姜靖榆编著. -- 长春 : 吉林人民出版社, 2012.7

(发现科学世界丛书. 第2辑)

ISBN 978-7-206-09201-5

Ⅰ. ①放… Ⅱ. ①姜… Ⅲ. ①科学知识—青年读物②科学知识—少年读物 Ⅳ. ①Z228.2

中国版本图书馆CIP数据核字(2012)第150918号

放眼看世界

FANG YAN KAN SHIJIE

编　　著:姜靖榆

责任编辑:关亦淳　　封面设计:七　洱

吉林人民出版社出版 发行(长春市人民大街7548号　邮政编码:130022)

印　　刷:北京市一鑫印务有限公司

开　　本:670mm×950mm　　1/16

印　　张:12　　字　　数:109千字

标准书号:ISBN 978-7-206-09201-5

版　　次:2012年7月第1版　　印　　次:2023年6月第3次印刷

定　　价:38.00元

如发现印装质量问题,影响阅读,请与出版社联系调换。

目　录

圣诞节

12月25日，西方国家都要欢度圣诞节。圣诞节既是耶稣诞生的纪念日，也是多数西方社会和家庭的节假日。圣诞节期间，人们都要互赠礼物和圣诞卡，孩子们则祈望着圣诞老人的到来。他们在圣诞前夜在门前挂上长袜，清晨就能见到圣诞老人在夜间留在长袜里的礼物。

圣诞老人的名字和特征源于一位名叫尼古拉的主教。他生活在公元289年到350年的小亚细亚，以慷慨大方、救济穷人和热爱孩子闻名于世。圣尼克的形象和故事首先出现在德国和荷兰，尔后传遍整个欧洲。17世纪荷兰殖民者将圣尼克的传说带到美国，当时的英国移民开始称他为圣诞老人。圣诞老人的最初形象是穿着传统的荷兰马裤，戴着大宽边帽子，尔后又给他添上了驯鹿和雪橇。1863年，著名漫画家托马斯·纳斯特描绘了圣诞老人的形象：欢乐、肥胖、留着白胡子、身穿红西装。这就是现代圣诞老人的形象。

在圣诞节前夜挂长袜的习俗与圣尼克的故事有关。据说，一个贵族家的三姐妹由于没有陪嫁而不敢结婚，圣尼克听到后，决心帮助她们。当每位姑娘到了结婚年龄时，他就把一袋金子扔进这个姑娘的窗口。其中，有一袋金了扔到了姑娘的长袜里，所以，人们开始在圣诞前夜悬挂长筒袜，希望里面装满圣尼克的礼物。

圣诞节的另一项重要内容是常绿的圣诞树。圣诞之夜，圣诞树上总是饰满小星星、小灯泡、小蜡烛，而树的顶端总有一颗大星，人称伯利恒之星。过圣诞节摆圣诞树，源于这样一个传说：相传，德国宗教改革家马丁·路德有一次在圣诞节的夜里，从一个小城回家，经过一片丛林时，看见那些松树上挂满一层层白霜，使昏暗的小路发出一片光芒。他不禁仰望夜空，天上繁星闪烁、美丽动人，大自然显示出宁静而祥和的气息。他回到家中，把刚才见到的美景告诉了家人。为了让人们了解那星光辉映下山林夜景的美丽，马丁走到屋外砍下一棵小松树，

插在火炉前面，并在树上点缀了一些烛光代表星星。家人见后非常快乐，围起来唱诗歌颂。这件事传开后，每年一到圣诞节，信徒们便学马丁·路德的样子，也在屋中布置一棵圣诞树，以示祝贺。后来，这种风俗传遍其他国家，人们在圣诞节都摆设圣诞树，圣诞树因此成为博爱的象征。

圣诞节是西方社会最大的节日，就像中国的春节。人们在圣诞前夜聚集在基督诞生画前或圣诞树下高唱圣诞颂歌。其中最古老、最动听的一首歌是："啊，来吧！所有虔诚的信徒，诚实的基督教徒；啊，欢庆吧，寂静的夜，神圣的夜。"

圣尼古拉乌斯节

每年11月底，德国的家家户户便开始为筹备圣诞节而忙碌着，因为在圣诞节四周前的礼拜天，德国即进入盼降节。这一天，人们都在家里装饰起用枞树枝编成的枝叶环，并在环上固定四支蜡烛，每逢礼拜天点燃一支。当第二支蜡烛亮起时，德国南部和奥地利的儿童们又迎来一个令人期待和不安的节日，这便是12月6日的圣尼古拉乌斯节。

节日的前一天夜晚，头戴主教帽子、身着主教长袍的“圣尼古拉乌斯”率领装扮得十分可怕的随从，走访有孩子的家庭，调查他们的平日表现。对于品行端正的孩子，“圣尼古拉乌斯”便赠以苹果、核桃和小甜饼等礼物，而遇有行为不端者，则假装要让戴着可怕面具的随从，将其放入袋中背走；随从不仅甩着鞭子进行恫吓，而且声色俱厉地进行教育。

当门外传来圣尼古拉乌斯“晚上好”的问候声，父亲便走去开门。如果自己的孩子在这一年里表现较好，父亲自然会领回馈赠。相反，若孩子表现不佳，父亲则一言不发地返回。于是，锁链声、叫喊声、沉重的脚步声便充斥于前厅。接着，屋门被打开，可怕的随从闯进，开始怒声训斥起淘气的孩子……

据传说，古时有两位名叫尼古拉乌斯的真人。一位是公元4世纪小亚细亚利古亚地区（现在土耳其南部）的主教；另一位是公元564年12月10日在利古亚去世的修道院长。关于主教尼古拉乌斯，迄今流传着各种传说。其中的一则传说讲，三名学生流浪到一处人烟稀少之地，投宿一家小店。店主为夺取学生们的财物，与妻子合谋于夜里杀死学生。装扮成乞丐模样的圣尼古拉乌斯来到小店，请求借住一宿。当他闻到血腥味时，便喊道：“想吃新鲜的肉！”随后便揭露了店主夫妇的罪行，使两名学生重获生命。

根据这一传说，中世纪修道院的学生们推崇圣尼古拉乌斯为自己的保护圣人。在此之前，中世纪的修道院里已有对认真学习和成绩优秀的学生进行褒奖的做法。表彰仪式多在他们的圣灵日——12月6日举行。

另外，圣尼古拉乌斯之所以夜巡赠物，据说也源于一个故事：一位家境败落的姑娘身陷青楼。刚刚继承祖辈财产的尼古拉乌斯，连续三天晚上把装满金币的钱囊从妓院窗子投入，以使姑娘跳出火坑。如今，孩子们仿效这一传说，每年12月5日夜晚，他们便在窗台上摆上鞋、袜、裙等物。翌日清晨，他们便可在这些衣物中找到圣尼古拉乌斯赠给他们的礼品。

玫瑰谷中玫瑰节

每年6月的第一个星期天，是保加利亚人民的传统节日玫瑰节。

保加利亚人民十分喜爱玫瑰花，将它誉为“花中之王”，同时尊为国花。

保加利亚中部横亘着两条山脉，北面的巴尔干山和南面的中部山。两山之中的峡谷，即是闻名遐迩的玫瑰谷。谷内气候温和，雨量适度，特别是有巴尔干山挡住冬季北来的寒流，一向娇气的玫瑰在这里找到了繁衍生息的场所。每年初夏时节，在绵延80多公里的山谷内，粉红色、乳白色的玫瑰花缀满大地、香飘四野。

在玫瑰盛开时节，当地居民要照例举办一次玫瑰节，在素有“玫瑰谷之都”的卡赞勒克市举行。节日前夕，这座小城早已沐浴在花海之中了。

节日清晨，在北郊的一片玫瑰园里，一群身着鲜艳民族服装的青年妇女，手挎花篮，采摘玫瑰。花瓣上，凝聚了一夜的露珠儿，在阳光下熠熠发光；悠扬的民歌伴着花香在空中回荡。节日的帷幕拉开了。

据载，全世界的玫瑰有7000多种，其中多为观赏玫瑰。炼油玫瑰不足40种。炼油玫瑰为多年生灌木——蔷薇科植物中的一种。它起源于亚洲，16世纪经波斯、土耳其传入保加利亚。18世纪在巴尔干山麓形成玫瑰谷。这种玫瑰，花瓣中含有丰富的香精油。鉴于清晨的花瓣所含香精油最多，人们通常在4~9时采摘，然后立刻加工。每狄卡尔（合一点五市亩）面积可收获花瓣一吨，三吨花瓣可炼一公斤玫瑰油。

正当采花人在玫瑰园中忙碌之际，大批客人如潮水般涌来，驻足于园边宽阔平坦的公路上。五位“玫瑰姑娘”按保加利亚风俗捧出面包、盐和葡萄酒，以示欢迎。此时，铜号吹奏起雄壮的乐曲，“玫瑰盛典”开始了。200名身穿制服的学生组成的仪仗队，迈着整齐的步伐从远处走来。跟在他们后面的是身着

粉红短裙、头戴玫瑰花环的“玫瑰王”，她是从60名采花能手中挑选出来的。“玫瑰王”在6名“玫瑰姑娘”的簇拥下，绕场一周，向客人致意，然后走到旗杆前，把绣有玫瑰花的彩旗徐徐升起。接着，她向客人充满激情地朗诵道：

“既然你已踏上保加利亚的富饶土地，就别忘了到玫瑰谷来做客；

“来吧，快来这美丽的巴尔干山麓；把那诱人的玫瑰花采摘，采摘……”

“玫瑰王”话音刚落，三辆色彩斑斓的马车接踵而来，每辆车上都站着一群小伙子和姑娘。小伙子们提着铜罐，吆喝着向客人喷洒香水，姑娘们则擎着花篮，尽情地向空中抛撒花瓣。在人们的欢呼声中，又有一队马车赶到，为首的一辆车上站着“加纽大伯”。“加纽大伯”是昔日最有名的玫瑰油推销商。他头戴黑色毡帽，身披粗呢大衣，胡髭高翘，大腹便便，举着拐杖，风尘仆仆地从“巴黎”赶来。只见他跳下马车，用粗犷的嗓音向客人问好，然后在欢声笑语中，把一瓶瓶香水分赠给贵宾。

接着，公路上开始进行民俗表演。8位姑娘穿着饰有玫瑰花的短衫和围裙，一字儿排开唱起了玫瑰节典型的民歌：

“米娜走了，白白脸蛋；不想出嫁，只采花瓣；巧巧双手，玫瑰满篮。

“米娜回村，来到河边；提起长裙，瞥见情郎；脸蛋臊红，水逐花散。”

唱米娜，米娜到。几十名“米娜”蜂拥而来，挽起客人的胳膊，一同跳起民间欢快的圆圈舞。鼓手们腆着肚子，用力挥臂；吹笛的眯着眼睛，仰面朝天。正当人们跳得满头大汗时，一群“库克里”骤然而至。“库克里”，意为“面具人”。他们腰系大小铜铃，威风凛凛，铃声震天，俨然要驱散恶魔，保卫今年的收获，求得来年的丰收。

日本与樱花

日本人喜爱樱花，把它誉为“国花”，自称是“樱花之国。”日本到处有樱花，花开时，漫山遍野，层层樱花和绿树相映，成为日本独树一帜的美丽景观。

在日本，春天是和樱花一起来到人间的。樱花的特点，先开花，后长叶，花开得快，凋落得也快。天气一转暖，樱花突然绽放，如烟似云，但是一夜风雨，它们又迅速凋谢，遍地落樱，即使是春光明媚、天气晴朗，它的花期也至多是10天。日本人民喜爱樱花，主要是由于它给人们带来了春天的气息。当人们度过了漫长的严冬之后，在灿烂的阳光下，突然开放的樱花，以它的明朗、鲜艳和美丽，为人洗除了积在心里一冬的郁闷，给人一种奋发向上的活力与生机……

樱花，是日本的象征，也是日本人民的骄傲。进入樱花盛开的季节，日本各地都要举行传统的观樱活动。几乎家家户户都扶老携幼到公园或郊区去看樱花。东京著名的上野公园，此时是樱花的海洋，到处是一片片、一排排的樱花，有的地方甚至成了樱花覆盖的甬道。每年来此观樱的游客达数十万之多。人们在樱花树下铺起席子，饮酒、唱歌、跳舞，热闹非凡。日本人这种喜欢在樱花树下边饮酒边赏花的习俗是十分悠久的，这除了樱花是日本的国花而备受青睐之外，当中还有一段缘由。

饮酒赏花的风俗最早源于中国皇室。贵族人家常在花前月下摆酒设宴、吟诗作画，尽情欢乐。在奈良时代（711—794），此风俗传入日本，由于当时人们对梅花尤为喜爱，故日本受中国影响最早的边饮酒边赏花的不是樱花，而是梅花。据日本出版的“万叶集”第五卷记载：天平二年正月十三（公元796年），九州筑紫大宰府长官大伴旅人在其官邸设宴招待筑紫国司和同僚，主宾32人边敞怀痛饮，边以院中梅花为题每人赋诗一首。这是有文献记载的日本最早的饮酒赏花宴。

到平安时代（794—1192），弘仁三年，嵯峨天皇在京都神泉苑举办了“花宴”，这被认为是日本最早的赏樱饮酒宴会。从那以后，每到樱花开放时节，皇室成员常随着管弦音乐，吟诗歌唱，饮酒作乐。“梅花宴”渐渐销声匿迹，而“樱花宴”之风渐兴。

与皇室贵族饮酒赏花所不同的是，此时的樱花已被日本普通人家视为至关重要的花。它的开放象征着稻子的开花，它的凋谢凋零预兆着稻谷的收成。另外，樱花开时也正是春耕忙时，此时饮酒赏花，被视为与土地神共饮同乐，加进了为取得好收成祈祷祝福的成分。

当残春已尽樱花败谢时，五彩的花片纷纷扬扬，飘落到碧草上、人行道上，使游人常常流连忘返，诗人更是触景生情，常以樱花为题，对酒抒怀，纵情欢颜……

久而久之，赏樱饮酒作为日本人的风俗习惯，一直流传至今。

含羞花会

在塞尔维亚大部分地区仍被严寒和霜雪笼罩、百花杳无踪影的季节，亚得里亚海滨的山坡上，含羞花却一枝独放，犹如一片金黄的云海，吸引着众多的游客……

含羞花是塞尔维亚一年之中最早开放的野花。初春的含羞花，花朵纤小，仿佛像一串透明的珍珠，恬静、淡雅。长期以来，深受南斯拉夫人民的喜爱。从1970年开始，每当含羞花盛开的时节，人们便举行别开生面的含羞花会。

含羞花会的主要活动，是人们远道而来采折含羞花。大家捧着艳丽的含羞花，跟随着乐队沿海滨行进，往往走在乐队最前面的是一位只有五六岁的小姑娘。沿途的树上挂着许多彩旗，姑娘不时地向客人赠送美酒和干无花果。妇女们在路旁搭起简易炉灶，用油煎炒着小鱼。煎鱼是含羞花会的主要食品之一，任何人都可以自己取个塑料盘，拿几片面包、几条比手指略长的煎小鱼和一杯葡萄酒。小鱼是附近居民捐助的，葡萄酒是附近的居民自家酿制的。这种别有风趣的活动，对于常年住在大城市或内地的人来说，有着无穷的乐趣和吸引力。

入夜，人们举行欧洲人都喜爱的化装舞会。舞会仍由那个五六岁的小姑娘作为乐队的前导，跟在乐队后面的是化装跳舞的人们。舞场上，数以百计的化装者，在来宾中间转来转去。人们兴高采烈地评头品足，看着看着，终于按捺不住，应化装人之邀，加入跳舞的行列，一直跳到翌日凌晨。

苹果花的节日

在加拿大东端的哈利法克斯省，有一个濒临大西洋的小镇新美纳斯。就是这个小镇，以它在初夏时节成千上万株苹果树盛开的鲜花和数不清的奇花异草，吸引着国内外众多的游客，从而蜚声全球。

新美纳斯镇最早是个小渔村，当时只有几户渔民和牧民。本世纪初，村民们开始尝试着栽种苹果树，由于气候适宜、雨水丰沛、日照充足，经过村民的辛勤劳动，这一狭长地带迅速成为加拿大最重要的苹果产地之一。人民培植了苹果，而苹果又养育了人民。因种苹果而日益富足起来的人们，不满足丰富的物质生活，对精神生活有了更高的追求。于是，每年一度的

“苹果花节”便应运而生了。

“苹果花节”始于1932年，在每年5月后两个星期天中最好的一天举行。进入5月以后，整个小镇便进入了“节日状态”。人们在小镇里的树上挂满鲜花和纸带，制作色彩纷呈、形状各异的苹果模型置于镇中，把整个小镇装点得十分漂亮。地方电台、报纸大量介绍苹果花节的历史，各位“苹果花皇后”的现状以及当地苹果的产量和销售等诸方面的情况和趣闻。

化装游行是苹果花节的重要活动。节日上午，数以万计的群众很早就挤在游行街道的两旁，翘首以待游行队伍的到来。游行队伍由一辆辆五彩缤纷的彩车组成。走在最前面的是退伍军人代表乘坐的彩车。车上的老军人们身着笔挺的军礼服，胸前挂满了勋章。神态端庄稳重，令人肃然起敬。天真活泼的孩子们和美丽俊俏的少女们，身套苹果模型，分乘数十辆彩车跟随其后。苹果模型或大或小、或高或矮，或红或绿、或紫或黄，形态各异，憨态可掬，令人耳目一新。在彩车队伍的两侧，有很多打扮得与苹果有关的小丑穿梭其间，他们幽默、滑稽的表演，令观众忍俊不禁，开怀大笑……

“苹果花皇后”的评选活动也是节日的一项重要内容。参赛的选手必须聪颖智慧，品格高尚，当然更要美丽动人。每年当选的“皇后”都会得到优厚的报酬，包括免费到全国旅游和得到一份令人羡慕的工作。但大多数“皇后”都选择进入本地已有150多年校史的阿卡迪亚大学读书。这是加拿大历史极为悠久的大学，成立于1838年，比加拿大建国（1867年）还要早。现在它以计算机科学专业领先而闻名于北美大陆。

节日的傍晚，人们簇拥着新当选的“苹果花皇后”举行露天舞会，同时燃放烟火，人们互相祝福，把节日的欢乐推向了高潮。

意大利的鲜花节

每当鲜花盛开的季节，位于意大利罗马以东约60公里处的鲜花城真扎诺，便迎来一年一度的鲜花节。

鲜花节是真扎诺一个历史悠久的传统节日，其历史可追溯到1778年，距今已230多年了。据传很早以前，人们为了纪念当地出生的一位天主教大主教乔瓦尼·波肖，用鲜花瓣在他生前所在的一座教堂前的马路上摆置成他的形象。这一做法为后代所沿袭，一直发展成今天的鲜花节。

鲜花节每年举行的时间不固定，一般都在6—7月份鲜花盛开的季节。鲜花节期间，真扎诺全城无论男女老幼，无不梳妆打扮，穿红戴绿。为了过好鲜花节，真扎诺人在节前半个多月就到各地采集花瓣，为了能使鲜花瓣新鲜而不蔫萎，人们每天都像母亲给婴儿哺乳一样，给花浇水，从室内搬到室外，又从室外搬进室内，保管得相当精心细致。鲜花节前夕，他们集中把花送到“鲜花节筹委会”。所有这些都是自愿进行的，政府不必操心，更无须花钱。

将鲜花瓣在地上摆放成各种图案，不是一件轻而易举的事。它是一种集脑力和体力于一体的特殊劳动，是一种艺术性的工作。聪明的真扎诺人用智慧把两者成功地结合起来。他们在镇上的一条主要街道，用5万公斤鲜花瓣摆成各种各样的图案，其中有历史人物和宗教界人物的画像，有反映意大利科技发展水平的图案，有描绘真扎诺当地风土人情的图像，有刻画诸如中国大熊猫等世界珍奇动物的图案。设计新颖，形象逼真，令人赏心悦目，叹为观止。鲜花图案通常保留3天，为了不让图案被雨水冲走或被大风刮走，摆放成功后的图案，均洒上一种黏剂，使鲜花图案保持原形。

为了增添节日的气氛，在摆放鲜花瓣图案附近的街道两旁，张灯结彩。各家商店店门大开，欢迎远道而来的贵客临门。有的商店把店内最上乘的精品拿出来招待客人，有的食品店制作各种动物、花形、地图等形式的食品，吸引客人。

鲜花节不仅给真扎诺人带来了欢乐，而且使真扎诺人增添了活力、团结、自信心和同情心。正因如此，鲜花城真扎诺的鲜花节才会久盛不衰，成为世界民族文化宝库中一块瑰宝。

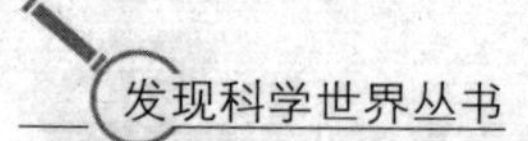

玫瑰花节赏“花舟”

虽然已是隆冬时节，美国西南海岸却依然春风和煦，温暖如春。各色玫瑰争芳吐艳。此时，一年一度盛大的玫瑰花会，如同盛开的各色玫瑰花，鲜艳夺目，引人入胜。

玫瑰花会举行之际，前来参观的游客络绎不绝，人山人海。许多有兴致的观众，提前一天就赶来抢占有利位置，有的全家老少驱车数十小时前来与会。若是下雨，人们会自备雨具，在路边过夜以待。在花会起点的公路两旁，备有对号入座的座位。所谓座位，只是一级级的木凳而已。但这简陋的座席，每张票价竟达20美元。有些外国游客为一饱眼福，不惜花300美元买一个座位来观看这场不寻常的玫瑰花会。

玫瑰花会最壮观的场景，是赏心悦目、妙趣横生的化装大游行。一辆辆用玫瑰花和白菊花装饰的汽车，在欢乐的乐曲声中徐徐移动，宛如一艘艘漂浮在水面上的“花舟”，绚丽无比。众多“花舟”之中，“皇后”乘坐的“花舟”最为引人注目。“花舟”中间，有一个用白菊花组成的白花宝座。“玫瑰皇后”身穿洁白的礼服，头戴珠冠，端坐在白花宝座上，温文尔雅，仪态万方。6位“玫瑰公主”，则穿一身绿色礼服，头戴冠冕，排成两行，分坐在“皇后”的左右。她们各自手拿一束香气袭人的玫瑰，不停地向围观的群众挥舞致意。在“皇后”和“公主”们的“花舟”前后，有许多各式“花舟”和一队队的骑士护卫，几个音乐班子，吹奏着优美的乐曲。整个玫瑰花会游行队伍长达四五公里。

美国玫瑰花会自1890年创立以来，美国西南海岸一年一度的“玫瑰游行”从未间断过。如今，这个古老的风俗，已成为闻名遐迩的盛举了。

上门女婿节

保加利亚的“上门女婿节”，是一个源远流长、别具一格的节日。

在保加利亚西部的一些农村里，不但以男子做上门女婿为荣，而且，上门女婿多的地方还建立了“上门女婿协会”，每年4月的第一个星期天，还要欢庆“上门女婿节”。

节日这天，上门女婿们要举行盛大的游行仪式。村里一位最年长的上门女婿高举着“上门女婿协会”的会旗，走在队伍的最前面。会旗上的图案新颖奇特，它以围裙、铁铲和扫帚为背景，上面画着一颗被利箭射穿的红心，红心下面是一滴鲜血。会旗图案所包含的意思是：这些上门女婿们带着爱而来，决心扎起围裙，操起铁铲和扫帚，同妻子全家苦乐与共，白头到老。

游行过后，老上门女婿们列队欢迎新上门的女婿，为他们举行加入上门女婿协会的宣誓仪式。新女婿面对众人，庄重地表示决心：尊重和热爱妻子家中的一切。岳父母也是我的亲爹娘。从今以后，这里就是我的家乡……宣誓仪式结束，由老年的上门女婿向新上门女婿讲解“上门女婿协会”章程。章程规定：要称岳父母为爸爸、妈妈；不能明里暗里同岳父母唱反调；生下儿女要随母亲的姓氏；每天鸡啼即起，干起活来要马不停蹄；工资和奖金发下来时，4小时内要如数交给妻子……年轻的姑娘听到这些时，没有一个不笑得前仰后合的。

节日的庆祝仪式还有一项重要内容，是由村长向上门女婿中的生产能手颁发奖状。村长剪断横在上门女婿队伍面前的彩带，提起插满鲜花的水罐，将水洒在路上，祝愿上门女婿们一帆风顺，在未来的一年里，再以新的生产成绩同大家在下一年的上门女婿节上相逢。

传统和社会的需要，使这里的女婿上门的风俗相沿成习。对土地、对家乡、对生身父母的眷恋，使这里的一些姑娘不愿离家远去，独生女儿的父母更愿意有女婿上门。难能可贵的是，他们能把平常的日常生活升华，将上门女婿这类平常的社会现象，演绎出这样别具情趣的篇章，使人感到了一个民族的内在凝聚力量。

夫人解放节

西班牙有句广泛流传的谚语：“把你的妻子和平底锅留在厨房里。”然而在西班牙却存在一个颇为奇特、风趣的妇女节日——“夫人解放节”。

夫人解放节的举行地，是在西班牙塞哥维亚城附近的一个名叫扎马扎马拉的山村中，该村的已婚妇女都能在每年2月有两天彻底解放的时间，成为西班牙最为解放的妇女。

该地的妇女能够拥有2天的自由时间，源于古时的一个传说。据说，在1226年，摩尔人占领了塞哥维亚，为夺回城堡，扎马扎马拉的男人们多次发动进攻，但始终没能得手。翌年2月的一天，全村所有的夫人聚集在塞哥维亚城下，向守城的摩尔人进行挑逗。结果，这些哨兵禁不住逗引，纷纷离开岗位，加入了跳舞行列。此时早已埋伏在城边的男人们乘机而上，一举拿下了城堡。扎马扎马拉的妇女为族人立下了战功，为纪念她们的功绩，就把每年2月上旬里的两天时间定为“夫人解放节”。

节日当天，天刚蒙蒙亮，夫人们便开始向村子中的广场集中，个个喜气洋洋。她们身穿色彩艳丽的裙子，肩披绣有美丽图案的围巾，佩戴祖传的华贵银饰，那美丽的身姿恰似仙女降临人间。

广场中央立有一个男人模拟像，高约两米，西服革履，长发蓄须，目空一切，是当地大男子主义的象征。当全村的夫人们到齐后，只听女村长一声令下，“大男子”身上便被浇上汽油，付之一炬。此时，全场鼓乐齐鸣，掌声、喝彩声此起彼伏，响彻云霄。节日期间，男人的地位与往日大相径庭。夫人们可以为所欲为，而男人们必须唯命是从。在街道上行走，见了已婚的女性得行礼；在家中，他们成了“主妇”，负责做饭、洗衣、抱孩子，打扫卫生……

节日的庆祝活动，是不准男人和未婚妇女参加的。任何违反者，都将受到惩罚。尤其是当夫人们在大街上跳舞时，那些

过于放肆或企图加入跳舞行列的男人们，都免不了要受皮肉之苦。本世纪初，夫人们在游行时都身穿带针刺的裙子。如有男人胆敢闯进队伍，她们则群起攻之，用刺针猛扎“入侵者”，扎得他们嗷嗷直叫，连喊求饶。今天，她们则改用拿带有镀金刺针的木棍。不过，村里的神父例外，他是全村中唯一被允许与妇女同舞的男性。这是为何呢？有人风趣地答道：“大概这些夫人们相信，上帝的使者是不会胡来的。”

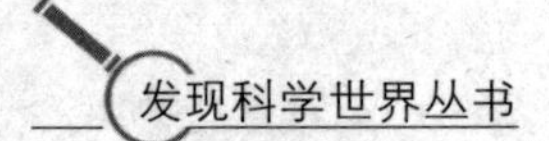

缅甸的泼水节

缅甸的盛大节日首推泼水节。每年公历4月中旬，都要举行泼水仪式。那时，人们身着盛装，尽情地泼水嬉戏。街头搭着彩棚，露天舞台上演出着优美的歌舞，热闹的街道路口设有泼水站。青年们竞相乘坐着装饰成孔雀、天鹅或宫殿的花车，载歌载舞。姑娘们穿着鲜艳的服装，手拎水桶或其他盛水器具，站在路边向行人泼水。

缅甸泼水节的来历，传说很多。通常的说法是：从前有一位美丽非凡的公主被魔王劫去，公主机智地杀死魔王，逃回人间。但她身上溅了恶魔的污血，人们便把清水泼洒在公主身上，为她净身，为她祝福。后来，就形成了泼水节。

节日期间，缅甸人民不分男女老少，可以互相泼水，表示涤旧迎新之意。讲究的人们，用番樱桃花枝，从银钵中蘸取浸有玫瑰花瓣的清水，轻轻地向别人身上抖洒。普通人喜欢整桶整盆地泼水，甚至用水龙管喷浇。小孩子们则用水枪向大人们喷射。少女们站在路旁，手持水龙管向小伙子喷水，小伙子们则驾驶着装满水的汽车，从车上向姑娘们喷水。姑娘们越喷越勇，凭借着水源充足的优势，从手中飞出的银色水龙，组成巨大的瀑布网，把小伙子们压得抬不起头来。车上水源不足，小伙子们不敢恋战，在姑娘们的进攻下，掉转车头，在一片笑声中落荒而逃……在缅甸，被泼得水越多就越高兴，因为水象征着幸福。

罗马尼亚的仲夏节

在罗马尼亚，“夏至”这天，人们要举行祭祀谷物女神色列斯的庆祝活动。这种祭祀早在罗马尼亚人的祖先吉托——达基亚人时期就有，一直延续至今，成为人们隆重欢庆的“仲夏节”。

传说，在古希腊神话中，有一个名叫色列斯的谷物女神。她把对人类有用的种子撒向人间，赐予大地富饶的物产，她教人们如何耕耘、收获，如何种植良田，由于她给人们带来了欢乐和幸福，所以备受人们的崇敬和爱戴。

仲夏节这天，人们身着民族盛装，喜气洋洋地汇集一处，举行盛大的游行活动。装扮成“谷物女神”的少女，头戴篷子菜花编织的黄色花冠，身穿传统的节日民族服装，身披色彩鲜艳的披巾，在人们欢呼、簇拥下，兴高采烈地走在队伍的最前面。游行期间，“谷物女神”或是走向即将收割的麦田，或是走入人群密集的闹市。这时，鼓乐齐鸣，欢声大作，人们围着“谷物女神”跳起传统的民族舞，沉浸在丰收喜悦之中。

关于用篷子菜花编织“谷物女神”的花冠，其中还有一段美丽的传说。相传，在远古的时候，在一个春末夏初的夜晚，漫山遍野的篷子菜，突然绽开黄灿灿的花朵。就在这一年，小麦丰收了。从此，平平常常的篷子菜异乎寻常地赢得了人们的喜爱。人们从此对篷子菜另眼相看，企盼它开出希望、吉祥的花朵。一旦黄色的花朵映入眼帘，人们就像看到了丰收的景象而喜形于色。后来，每当篷子菜开花，人们就争相用它的花朵编制花环，挂在大门和果树上，挂到一切象征吉庆有余、幸福美满的地方。有些地区，人们把花环抛上屋顶，如果花环没有滚落下来，就预示着当年全家平安无事。如此代代相传，逐渐变成了风俗。

瑞典的仲夏节

6月24日是瑞典的一个古老的传统节日——仲夏节。节日这天下午，人们来到各种娱乐场地，聚集在用各种各样的鲜花、树枝装饰起来的十字形柱子的周围。在彩柱下，有一支身穿民族服装的乐队演奏乐曲。大人和孩子们在彩柱下围成圆圈，随着欢快的乐曲，尽情地歌舞。人们在跳《小青蛙》舞蹈时，跳舞者不仅要学青蛙跳的动作，还须模拟青蛙“呱呱”的叫声，场面活泼欢快，逗人发笑。到了傍晚，人们在娱乐场所，在埠头上，在手风琴和小提琴的伴奏下，跳起优美多姿的传统舞蹈。广播里播放的乐曲，在整个瑞典农村的上空回荡。整个傍晚都充满着节日的欢庆气氛。这天晚上，姑娘们尽情地歌舞以后，

要到田野或森林里采摘七种不同颜色的花，带回家去，放在自己的枕头底下，然后睡觉。据说，这样她会梦见自己的理想丈夫是谁。

瑞典的仲夏节，原是一种宗教性的节日。据《对经》福音书记载：公元5世纪，施洗者约翰在耶稣传教以前，就劝人悔改，并在约旦河中为人施洗。后来，因他指责过犹太王希律而被斩首。基督教称赞约翰为耶稣的先行者。约翰的生日是在6月24日，瑞典的仲夏节也就定为这一天。如今在瑞典，仲夏节已没有多少宗教的色彩，而成为瑞典人民规模最大和最具有群众性的民间节日了。

芬兰的仲夏节

每年6月20日~26日之间的那个星期六，芬兰要举行情趣盎然的仲夏节。因为在这一天，芬兰北部地区整天都可以见到太阳，即使在芬兰南部的波罗的海沿岸，这天的黄昏也要到晚上10点钟以后才来到。仲夏节原是为纪念耶稣的门徒、施洗者约翰的诞辰而举行的古老宗教节日。不过，今天的仲夏节已没有多少宗教的色彩，而成为民间庆祝光明和万物繁茂的节日。

赛乌拉萨里岛是芬兰首都赫尔辛基欢庆仲夏节的中心。小岛坐落在赫市的西南部，是个露天博物馆。岛的四周碧波荡漾，岛上绿树婆娑，奇花争艳。仲夏节期间更是绚丽多彩、人集如云。按照传统的习惯，岛上各处用嫩桦树枝装点起来，象征着生机和兴旺。不少人身穿古老的民族服装，妇女内穿手绣白衬衣，外着色彩鲜艳的竖条格无袖连衣裙，头系一条丝彩带；男人则是白衣黑裤，外罩黑坎肩，头戴黑礼帽，脚蹬黑靴，腰挎腰刀，气度粗犷。小乐队和民间舞蹈队分布在各处，人们在音乐声中翩翩起舞。

仲夏节娱乐节目丰富多彩。最精彩的要算点篝火，这是仲夏节最具有代表性的节目。在夜幕降临时，一堆堆篝火在湖边点燃，很有诗情画意。据说，古代人就靠篝火来驱逐邪恶，给人间带来光明和温暖。赛岛湖中央的岩石礁上的篝火，最为引人入胜。中间是主篝火，用金属架和旧船、树枝搭成，足有几十米高。周围簇拥着代表全国各地区特色的小篝火。入夜之后，赛岛教会的小船载着一船人缓缓划向篝火，先将一个个小篝火点燃，于是岸上的人们欢声四起。接着，一只小船将一对新婚夫妇送到篝火前，他们从去年在这里结婚的夫妇手里接过火把，点燃主篝火。顿时，欢呼声、掌声、音乐声此伏彼起，熊熊的火光映红了水面，把夜空映衬得更加绚丽。人们就在这如诗如画的景色中欢乐地跳起民间舞蹈来，直到尽欢而散。

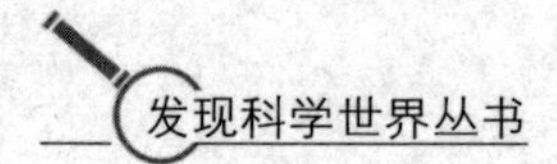

摩洛哥的古尔邦节

信奉伊斯兰教的回族、维吾尔族、哈萨克族，一年中最大的节日是“古尔邦节”。古尔邦是阿拉伯文“献牲”的音译。由于节日期间要杀牛、羊、骆驼等大牲畜，因此，这个节日又叫“宰牲节”。

宰牲节在每年伊斯兰教历十二月十日举行。但由于伊斯兰教历与公历算法不同，每年“古尔邦节”不在同一天。节日期间，人们要沐浴盛装，互赠香油、果子和肉，互相祝贺。老年人往往去清真寺做礼拜。有的民族在节日期间举行盛大的赛马大会，活动隆重而热烈。

在摩洛哥，伊斯兰教为国教，穆斯林占全国人口的95%左

右，所以宰牲节几乎是所有人的节日。

离宰牲节还有好几天，大家谈论的话题就离不开羊了。性急的早早就把羊牵回了家，沉得住气的还要看羊价是否能降下一点来，然后再买。这么大的节日，羊是必买的，穷人就是平日紧巴点儿，也要买回一头羊来。

宰羊、食羊是节日的主要内容。节日这天上午，当人们在电视上看到国王宰羊仪式结束后，家家户户便为杀羊、做羊席忙碌起来了。按照传统习惯，宰牲节这天只吃羊的肝、肺、心、脾和胃，整只羊要留到第二天才开始吃。吃羊的方法也是相当讲究的，肺、脾、胃是炖着吃，肝和心是用铁钎串起来在炭火上烤着吃。串肉串也不是胡乱串的，羊肝要用薄薄的羊油包起来再往铁钎上串，每根钎上串五块，先串两块肝，再串一块心，然后再放两块肝。肉串在炭火上一烤，羊油丝丝响，缕缕香味弥漫客厅与厨房，很有节日气息。

关于宰牲节还流传着一个颇有趣味的故事。古代阿拉伯宗教传说，“先知”伊卜拉欣夜梦真主安拉，命他宰杀自己的儿子伊斯玛仪勒，以考验他对真主的忠诚。当伊卜拉欣遵照真主之命，准备杀掉自己儿子时，魔鬼撒旦三次巧言引诱伊卜拉欣违抗安拉旨意，放走献祭的儿子。伊卜拉欣不为所动，投石斥退魔鬼。鉴于伊卜拉欣的纯真情感，安拉决定以羊代替。阿拉伯人依此每年宰牲献祭。伊斯兰教继承了这一习俗，规定伊斯兰教历太阴年十二月十日为“古尔邦节”，即“宰牲节”。

斯里兰卡的舍利节

“圣人万岁！圣人万岁！”轻微而有节奏的欢呼声，从拥挤在斯里兰卡康提市王公大街两旁数以千计的虔诚的人群中不断传出。这是人们向威严的圣象欢呼，向圣象背上驮载的释迦牟尼圣骨欢呼。

为期10天的舍利节大游行，可以说得上亚洲最壮观的节日。平时，圣骨被供奉在收藏斯里兰卡国宝，释迦牟尼左上颚犬牙的舍利庙里。每逢舍利节（7月底至8月初），这些圣骨便依照过去200年来的习惯，由镀金匣子盛着，供康提市民瞻仰。

第一次舍利节游行，是公元460年在古教阿努拉哈普拉举行的。在公元4世纪之前，佛祖左上颚犬牙一直为卡林加（即现今印度的奥里萨邦）的王公们所收藏。后来，古哈西瓦王公战败，他的女儿希玛玛拉把佛牙编进自己的发辫，巧妙地把它带给了父亲的好友——斯里兰卡国王。佛牙很快成为王权的象征，被人们视为五谷丰登、风调雨顺的保障。

随着夜幕降临，游行开始了。在隆隆的礼炮声中，12个穿白布衣服、手执行鞭的人，踏着有节奏的鼓点，伴着悦耳的长笛声，走出灯火通明的八边形舍利庙。3.6米长的椰纤维鞭子在空中上下飞舞，噼啪作响。350个男人手执长杆，杆顶用金属盒托着熊熊燃烧的干椰肉火把。这些火把将给未来2小时的庆祝活动带来奇特的亮光和怪异的投影。数十名旗手高举全国和各地的佛教旗标：圣鹅、双头鹰、鹦鹉、孔雀、豹和熊。全国的佛教旗标是雄狮。在1650万斯里兰卡人中，有1200万是僧伽罗人，即传说中的“狮”族人。身穿白纱笼，腰系红围巾的年轻人，挥舞着利剑，陪伴着游行队伍的指挥。鼓手、擎火把者紧随其后。舞师们扮成妖魔鬼怪的模样，扭动着身躯，表演着驱妖舞……

威严的圣象被庄严地请出舍利庙。它身穿36米长的金丝绒锦缎短上衣，上面镶嵌3公斤银制小圆片和1公斤银线。它的巨幅长带上缀满金片，1.8米高的象轿被绑上了座基。象轿内藏有

电池，能够点亮装在象头及耳饰上的灯泡，远远望去，颇似金光闪熠的珠宝。象轿内天鹅绒的软垫上，摆放着盛有34块圣骨碎块的金匣子。当它从人群通过时，人们欢呼着站立起来。父母亲把孩子高举过头顶，好让他们一睹身披金色织锦缎短上衣、踏着狭长白布地毯缓缓走来的圣象风采。而孩子们则不停地向圣象身上抛撒雪白的茉莉花瓣，以表达他们幼小心灵内的祝福与虔诚……

在为期10天的节日中，一切都安详、和谐。任何恐怖分子都不敢扰乱斯里兰卡古老的节奏，不敢亵渎诸神赐予繁荣昌盛、歌舞升平的壮丽景象。

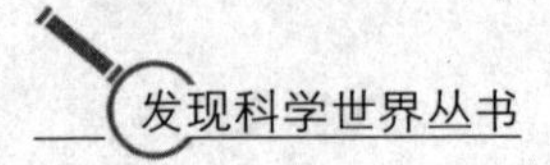

科特迪瓦的新生节

濒临西非几内亚湾的科特迪瓦南部的戈蒙村，每年4月都要欢度闻名遐迩的“迪普里节”。“迪普里”是当地土语“新生”的意思，当地人又称它为“血节”。

戈蒙村民属阿比吉族人，其先祖来自科特迪瓦沿海地带。据传，他们来此定居之初，不谙稼穑，备受饥馑。为了求得原始森林中“精灵”的帮助，首领让人将其爱子勒死并切成碎块，分置于各个土丘之上献给“精灵”。须臾，土丘上便长出稻谷、蔬菜和棕榈树。以后，丰衣足食的阿比吉人每年4月，都要选择皓月当空的吉日，隆重纪念比迪沃，并把这一天命名为“迪普里”，即“新生节”。

阿比吉人认为，生命来自朝阳，死亡向着落日。因此，节日这天清晨三点，酋长便在清脆悦耳的铃声中祈求众神之王“尼阿特”保佑全村生灵，恩赐五谷丰登，岁岁平安。晨曦微露时，村民敲门呐喊，以驱赶西逃的死神。东方破晓后，家家户户都吃大薯、“富肚”（大芭蕉去皮后煮熟，捣成泥状）、鱼和鸡块等，并宰杀一只公鸡以纪念当年为大众献身的比迪沃。老人们去村边的克波鲁“圣河”边，向河神“米埃西”敬奉蛋和鸡；“武士”们则到圣河中沐浴。

“武士”们沐浴后，披着朝阳，水淋淋地返回村里的三里长街，踩着“圣鼓”的鼓点，手舞足蹈起来。其时，白垩涂面、白衣白裤、宛如“白魔”的女子们，在“神灵”的指点下渐渐进入“中邪”状态……赤日之下，她们若痴若狂，东奔西跑，或捶首顿足，或呻吟呐喊，或双膝跪地，或伏地打滚。并通过摄人心魄的鼓点跟“先祖”对话，来悼念比迪沃。

这时，阿比吉人世代相传的“魔术”表演——刺腹、穿舌——开始了。只见“武士”们渐渐眼神凝滞，面向苍天，口中喃喃，仿佛在同上天“对话”。接着高举右手，用锋利的小刀猛扎自己的腹部。顿时，鲜血染红白裙、白裤。刺腹之后，他们还用小刀或扎或割自己的舌头，瞬间满口流血。与此同时，一些女子也用长针穿透舌尖，即使鲜血满口，也毫不蹙眉。在这一令人触目惊心的“血的考验”之后，他们便开始奇迹般的“自疗”：用咀嚼过的“神草”（当地的一种草药）和生鸡蛋，涂于腹部和舌上，伤口很快可以愈合。

当太阳的最后一抹余晖消失在西边天际之后，全村人个个喜笑颜开。在欢乐的群舞中，庆祝全村得到和平、安宁、团结和“新生”。

罗马尼亚的十二日节

“十二日节”是罗马尼亚最重要的节日之一。节日是从12月24日晚开始到1月6日基督教的主显节为止，共12天，节日因此得名。

节日在12月24日晚拉开序幕。首先由少年儿童组成的唱诗班进行活动，他们每人背着一个大背包，手拿一只小铜铃和用榛木做成的“魔棍”。庆祝队伍浩浩荡荡，走在最前面的儿童高举用纸糊成的五星红灯，其他孩子随其身后，手摇铜铃，挨家挨户地唱着颂歌和赞美诗，向主人们表示祝福。各家的主人高兴地把礼物装进孩子们的大背包里，表示感谢。唱诗班的孩子们一批接着一批直到深夜。

25日上午，由一群20岁左右的青年接替唱诗班。他们头戴钢盔，身穿军装，腰佩战刀，在街头和广场表演以圣经中一些神话故事为内容的戏剧。

除夕时，开展“圣犁”活动。象征丰收的“圣犁”由一头“神牛”拉着，“圣犁”经过的地方，人们将得到幸福和欢乐。当“圣犁”走过每家的场院时，划出的一道道犁沟是吉祥的象征，“神牛”脖子上的铜铃声、鞭子声和牛叫声，是新的一年将充满生机的征兆。“圣犁”经过之后，又出现许多唱诗人，他们站在每家窗前唱着自己编写的小调。诗歌的内容大都是祝愿来年好收成、生活幸福和健康长寿等。此时，主人热情地把说唱人请进家中共进晚餐，席间宾主举杯相互祝贺。

节日期间，化装游行是项很重要的内容。人们头戴面具，身着各色奇特服装，装扮成动物及各种人物，形象逼真，惟妙惟肖。特别有趣的是，游行队伍中有一些手拿巨形注射器的医生，注射器里灌满了水，边走边向围观的人群喷射，观众不仅不躲闪，反而高兴地迎水而上。因为此时洒在他身上的是“圣水”。队伍里最受欢迎的要算是圣诞老人，他长长的白须，拄着拐杖，身穿玫瑰红的大袍，不断地向人群点头致意，祝贺新年。

印第安人的太阳节

每年的6月24日，印第安人要欢度太阳节。

太阳节的来历源远流长。传说古代印第安人，过着狩猎的生活。有一天，“太阳神”把金犁和种子赐给了他们。印第安人用金犁开垦了大地，播下了种子，长出了谷物和蔬菜。由于“太阳神”让他们过上了幸福的生活，印第安人十分崇敬“太阳神”。他们把城市建筑在高山之巅，以示靠近太阳；房屋顶上铺上红瓦，象征太阳。他们每年举行一次盛大的仪式，祭奠太阳神，欢度太阳节。

祭奠太阳神的仪式在库斯科城郊西北的萨克瓦曼城堡举行。这座城堡方圆约4平方公里，围墙从上到下有三层，全用黑色巨石堆砌而成，威严地耸立在高山上。节日这天，穿着盛装的印第安人在黎明前就云集城堡周围，恭候太阳升起。当太阳从东方喷薄而出时，人们跪在地上，面向太阳，伸开双臂致敬，然后前往太阳神庙顶礼膜拜。上午10时，手执法杖的“国王”和“王后”分乘两台轿子，从太阳神庙起驾，前有武士开道，后有宫廷人员簇拥，浩浩荡荡来到萨克瓦曼城堡。中午时分，祭奠仪式开始，点燃祭坛上的圣火后，祭司致祭词，并向太阳神像供奉祭品。“国王”在乐队奏起的圣歌声中，缓步走向祭坛，用克丘亚语向太阳神祈求风调雨顺，并把丰盛的美酒佳肴奉献给太阳神，仪式结束后，人们欢歌跳舞，尽情地欢度节日，直到夜幕时分，方才离去。

印度的点灯节

在印度，每年阴历9月，即公历10~11月间，是印度富有民族特色的传统节日——点灯节。

点灯节的来源，在印度人民中有许多美丽的传说。比较普遍流行的有两种：一种说法来自史诗“罗摩衍那”中英雄罗摩的经历；另一种和神话中的吉祥女神拉克希米有关。按照前一种说法，在宫廷倾轧中受害的罗摩终于战胜十首魔王拉瓦那，夺回爱妻希多，从而结束了长达14年的丛林流放生涯，并得以恢复王位，重返故国首都。百姓们家家点灯，欢迎罗摩的归来。这天就成了千家万户燃灯点烛的节日。按照后一种说法，掌管幸运和财富的吉祥女神拉克希米，在灯节这天和大神毗湿奴结婚，她巡行人间，准备赐福人们福祉。人们知道她喜爱灯火和洁净，于是清扫屋舍，装饰彩灯，迎接她的来临。

按照风俗，点灯节这天人们要早起，并且进行沐浴，浴后穿上新衣向拉克希米祈祷。灯节期间，家家要赶制一些传统食品和甜食，全家共吃“团圆饭”。家庭中的晚辈要向长辈致敬，家长要向全家成员祝福并把礼物分给小孩。在南印度，新婚夫妇的第一个灯节，新郎要携新娘到岳父家去过。在西孟加拉地区，妇女们用泥制作小油灯，点燃后放到河里任其漂浮。油灯不灭，或冲不到岸边，就预示着下一年的生活繁荣和幸福。这个富有民族特色的节日，给印度人民带来无穷的欢乐。如今节日当天，每当夜幕降临，无论是在繁华的都市，还是在偏僻的小山村，家家户户的门前窗前都点起了灯。在首都新德里的主要街道上，搭起一座又一座彩门，彩门的装饰十分讲究，挂着彩旗，插着松枝和花环，吊着绚丽多彩的各色彩灯、霓虹灯。不仅主要街道如此，纵横交错的小巷也是五彩缤纷。城里的主要庙宇和高大建筑物上都装上各式彩灯。在市民们的门口、窗前、走廊上、厢房里，甚至阳台和屋顶上，都在夜晚点上灯。有电灯、油灯、纸灯，也有各式的彩灯、宫灯，有的摆着，有的挂着，有的成串，有的成片。此时的新德里，仿佛成了灯的世界、灯的海洋。

美国的父亲节

世界上很多国家都有母亲节，但像美国那样有父亲节的却很少。美国的父亲节之所以成为一个全国性的节日，主要归功于达德夫人的热心倡导。达德夫人是美国华盛顿州斯博坎市人，从小母亲去世，兄弟姐妹6人全靠父亲一人抚养。父亲每天贪黑起早，无微不至地关怀孩子们的成长。父亲的这种牺牲精神极大地震撼了达德夫人。她长大以后，就开始积极倡导：普天之下，做父亲的也应该像做母亲的一样，有一个正式的节日。她的倡导，得到了斯博坎市当局者的重视。在1910年，斯博坎市第一次举行了全市性的庆祝父亲节活动。随着美国社会的变化，离婚率大大增长，父兼母职的现象已屡见不鲜，加上女性逐渐走入社会，改变了家庭照料孩子由母亲独自承担的旧传统，从而使养育子女成为父母共同的责任。于是，子女对父亲的情感也发生了变化，向父亲表示庆祝的活动也逐步得到推广。到了70年代，父亲节便成了法定的、全国性的节日。节日的时间定为每年六月的第三个星期日。

现在，美国人在父亲节这天，子女们一清早就到厨房里烧制一顿丰盛的早饭，端到父亲的床头。孩子们还自己动手，做一些精巧别致，富有纪念意义的贺卡和小礼品送给父亲。远在外地的孩子，或把礼物亲自送去，或者通过邮局寄给父亲，以表达子女对父亲的美好祝福和衷心感谢。

美国的母亲节

每年五月，当康乃馨花绽开，散发出阵阵幽香时，美国的母亲节来临了。

在美国，母亲节这天，到处充满着一种思念和愉悦的气氛。人们通过各种形式纪念母亲节，表达心中对母亲的无限眷恋和祝福。众多的纪念仪式中，有一种既朴实又富有感情的仪式：在五月第二个星期天的上午，青年们聚在一起，每人亲手制作一朵精美的康乃馨花，献给每一位聚会者的母亲。青年们自己也各自佩戴一朵鲜花。母亲已离开人世的佩戴白花，以表纪念；健在的佩戴红花，以示祝福。然后，青年们合伙烹饪丰富的午餐，请前来参加聚会的母亲们分享。母亲们慈祥地注视着这些孩子们，从中得到欢乐与慰藉，尤其是那些子女不在身边的母亲们，此时心中更加感到欣慰。

母亲节充满了真情和爱意，它使人们感受到了这份母子之爱的世间真情。关于她的创立，还有一段非常令人感动的往事。1907年，美国一位名叫安娜·戴维斯的女子的母亲突然与世长辞，戴维斯悲痛欲绝，母亲生前对她无微不至的关怀和深厚的爱，令她久久难忘。当时恰好有很多在欧洲战争中阵亡将士的妻子、母亲，正陷于深深的痛苦之中。安娜·戴维斯为对这些不幸者表示慰问和致敬，同时也为了表达自己对已故母亲的思念，决定创立母亲节。安娜·戴维斯热情地、义无反顾地为此事奔走。她艰辛地奋斗着，给许多重要人物和组织寄去上千封信，敦促他们能使平凡的母亲们能够在某一天受到人们的称颂。她选择了五月的第二个星期天，也就是她妈妈去世的忌日。这个提议很快受到人们的欢迎。1913年，美国国会正式把五月的第二个星期天定为“纪念世界上最好的母亲——你们的母亲”的日子。从此，青年们便在每年五月的第二个星期天，举行一个纪念母亲、孝敬母亲的仪式，慰问给世界和人类带来真爱的伟大的母亲们。

美国的感恩节

每年11月的第4个星期日，为美国的感恩节。

感恩节原为北美特有的民间节日，是喜庆丰收、增进团结的佳节。1795年，美国第一位总统华盛顿将其定为全国性节日，一直相沿至今。

感恩节源于早期英国移民移居北美大陆的一段往事。1620年，为了摆脱宗教与政治上的迫害，102名英国移民乘坐“五月花号”木船，历经两个多月的海上漂泊，于当年11月下旬，抵达现今美国马萨诸塞州科德角的普洛文斯敦。刚到此地时，一时难以找到栖身之地，只好住在木船中度日。后来经过反复查寻，终于在普利茅斯发现了一个无人居住的印第安村落。村前有一片辽阔的渔场，村后有开垦过的玉米田和一片荒地。峻峭的山峦，清澈的溪水，是理想的生活环境。于是，这102名英国移民便在这里居住下来。那时他们初来乍到，一无良种，二无工具，生活中遇到很多困难。由于缺衣少食，劳动繁重，经常生病，很多人没有活过第一个冬天，便离开了人世。就在他们对生活失去信心、开始绝望的时候，印第安人帮助了他们。他们从善良、友好的印第安人那里，学到了捕鱼、狩猎、种田的本领，终于战胜了困难，幸运的活了下来。为了感谢印第安人的无私关怀和帮助，增进彼此间的了解和友谊，生存下来的50多名英国移民，于1621年秋在普利茅斯用猎取的火鸡（后来成为感恩节的传统食品）、自种的南瓜、玉米、红薯等制成美味佳肴，大摆宴席，款待友善的印第安人。庆祝活动持续了3个白昼。他们白天吃饭、饮酒，举行摔跤、赛跑、射箭等各项比赛，相互间切磋技艺，取长补短，夜间燃起篝火，载歌载舞，共享欢乐。如此年复一年，便形成了闻名遐迩的感恩节了。

巴西的狂欢节

狂欢节是巴西最大的全国性民族节日。巴西人对狂欢节有着特殊的感情。提起狂欢节，他们眉飞色舞，喜形于色，本能地跳起热情奔放的桑巴舞。每当节日来临之际，所有的工厂、企业、机关、学校一律放假，整个国家的一切活动中止，全力投入4天的节日娱乐活动。这期间，全国各地的男女老少，不分种族、肤色、社会地位，皆以各种奇特的化装，奏着响亮的鼓乐，一起涌上街头，跳起欢快的马拉卡圆舞和佛来卧舞以及桑巴舞。

节日期间，巴西的第二大城市和最大海港里约热内卢的场面最为壮观。全城居民几乎倾城而出，载歌载舞地庆祝节日。

连续四天四夜，白天在灿烂明媚的阳光照耀下，夜晚在五彩缤纷的焰火辉映中，簇拥着节日“国王”和“王后”的游行队伍，川流不息。人们戴着滑稽的假面具，脚踩高跷，身着艳丽的奇装异服，以乐队为前导，表演着以各种神话故事、民间传说和现实生活为题材的滑稽剧、讽刺剧以及黑人舞蹈、印第安人舞蹈。在一辆辆令人眼花缭乱的彩车上，有手持弓箭、身穿印第安人传统服装的漂亮女郎，有再现人们所熟悉的银幕形象的电影明星，有唱着时代流行曲红极一时的歌手，有孩子们所熟知童话故事中的魔鬼与公主，有设计巧妙、矫健优美的艺术造型，还有更能引起人们兴趣的讽刺当今某些政治家的漫画式形态。临时看台上情绪激动的观众，不停地高声叫好，并投以鲜花瓣和彩带。台上台下气氛交融，欢歌笑语不绝于耳，尤其是那雄浑激越的桑巴音乐，更是响彻大街小巷。

狂欢节虽然在巴西如此著名，但巴西并不是狂欢节的诞生地。狂欢节也并非巴西独有。西班牙、法国、德国也都欢度狂欢节。关于狂欢节的起源，已无确切考证。流传于欧洲的神话说，很久以前的这一天，罗马市中心盖在地狱通道出口上的石头，被人搬开，戴罪的灵魂跑出来，找到了升天之路，所以传下来这个欢喜若狂的节日。但是，一般都认为该节是起源于原

始宗教性的节日，是庆祝春回大地、万物复苏的活动。

今天，在巴西，狂欢节已成为团结人民的手段。在狂欢节的日子里，各种社交的清规戒律打破了，社会隔阂消除了，相互间的友情使人们在共同的娱乐活动中团结起来。狂欢节的日子是情谊融融、团结友爱的日子。

维也纳超级舞会

曾孕育过贝多芬、勃拉姆斯、施特劳斯等音乐大师的世界音乐之都维也纳，每年“圣灰星期三”前的那个星期四，都要在国家歌剧院举行一次盛大的舞会。这是当今世界上最著名、规模最宏大的舞会。这一天，维也纳人都聚集到歌剧院，纵情狂欢。

舞会这天的晚上，钟声响过九下，浩浩荡荡的人群分乘汽车、马车等交通工具，奔赴剧院，交上200美元的入场券，分流进入观众席、酒吧、饮食厅和小型舞会，等待着狂欢盛典的开始。

在维也纳，这个舞会在人们心目中的位置绝不次于美国的

橄榄球大赛。它有着万众狂欢的浓烈气氛，使平素看起来矜持而正统的奥地利人，宣泄出狂热的激情和自豪感。维也纳人的华尔兹是民族的标准舞，歌剧院的舞会是民族的盛典。在这个不受任何规矩约束的狂欢之夜，人们玩得尽情尽兴，狂放不羁。

狂欢盛典的序幕是庄重和肃穆的。总统在众星捧月般的包厢里坐定后，乐队便奏起国歌。当乐队奏起波兰圆舞曲时，铺着红地毯的楼梯上，200名身着白色长裙的少女，挽着各自的男伴姗姗而下，跳起格调高雅、节奏明快而又舒缓的三步舞。接着，花枝招展的国家芭蕾舞演员们翩翩而入，伴着“嗒嗒嗒，嘀嗒，嘀嗒”的节奏起舞。天棚上的圆形吊灯熠熠闪烁，蓝色的多瑙河舞曲在悠扬回荡，场景摄人心魄，令人心摇神往。

跳舞的号子终于响了。那些早已按捺不住内心冲动的舞客们一下子蜂拥而入，没有几秒钟，整个大厅就变成了一个舞蹈的海洋。华尔兹、波尔卡乐队和管弦乐队轮番伴奏，乐声不绝。人们踩着欢快的节奏，尽情地舞着、跳着。满眼都是闪亮的绸缎、飞旋的长裙、流光的眸子、溢彩的面庞……

凌晨4点半，一个小提琴家开始演奏，四周观众围得水泄不通。尔后，人们便陆续退场了。一夜的喧闹结束了，人们都回到了自己的安乐窝，街道上也寂静下来，只有那些晨起觅食的鸽子不时地振翅飞掠而过。

音乐是维也纳人的灵魂。剧院舞会成为世界一大奇观。它保持了奥地利的传统，在奥地利人心目中的分量是不可估量的。它是奥地利人的骄傲。

太阳升舞会

太阳升舞会是印度阿帕切雪山地区独有的一种庆祝女子成年的仪式，它并不意味着舞会在太阳升起时举行，而是预示少女今后的幸福生活，将要从舞会举行的当天开始。

太阳升舞会一般在女孩14岁时举行。家庭成员对舞会非常重视，为使姑娘能在舞会上表演优美的舞蹈，往往高薪聘请有名望的舞蹈专家，对姑娘进行为期一年的严格训练。同时让孩子认她为教母。

当东方晨曦微露时，祈祷声、圣歌声在无垠旷野上回荡，持续四天的“太阳升”舞会，在初升的旭日中拉开了序幕。

舞会的第一天，教母手持羽毛指导姑娘跳舞。姑娘家的好友亲朋，以及前来为姑娘祝福的人站在周围。他们从篮子里抓起香薄花撒在姑娘的头上，默默地为姑娘祈祷。姑娘的父母亲把糖果和谷子撒在女儿的身上，据说这能使她将来免受饥饿。同时，她的父母亲把全家所有的香槟酒和糖果分给众人，祝愿丰衣足食。

舞会的第二和第三天，教母要用染料给姑娘施礼。染料是用花粉、玉米面及磨碎的四种彩石粉调和而成。姑娘从头到脚都染成金黄色，最后连衣服也染成金黄色。姑娘们都为自己的这种彩色衣服自豪，因为它是经过很多关怀自己的人精心裁制成。阿姨缝制了衣服，母亲做了大约200个锡片垂挂在衣服的下摆周围，使姑娘走路时发出悦耳的叮当声。

第四天清晨，人们架起锥形木架，姑娘反复不停地绕着木架跳舞。这意味着从此以后，姑娘永远有家可归……

巴西海神节

每年2月2日，巴西举国上下庆祝海神节，感谢海神一年来的恩惠。海神名叫伊曼雅，被认为是水、鱼类和一切同水有关事物的母亲。海神本来是西非人崇拜的偶像，16世纪时，西非人作为奴隶被带到巴西，对伊思曼的崇拜也带到了巴西，并且成为现今巴西最隆重的宗教节日之一。在巴西，最热闹的海神节在巴伊亚州的沿海城市萨尔瓦多。

萨尔瓦多在里约热内卢以北800英里[①]，是葡萄牙人首先在巴西登陆的地方，也是殖民地时代的南美主要港口。巴伊亚州现在是巴西最富于非洲传统的地方，是非洲宗教、音乐、歌舞

①英里：英制长度单位。

和其他文化的中心。这一切在海神节上充分体现出来。

节日这天清晨，人们带着献给海神的礼物和祭品，乘车拥入有着峭壁和白色海滩的萨尔瓦多。节日活动在鼓声和非洲宗教仪式的舞蹈中拉开序幕。当地主要非洲宗教庙宇女祭司和他们的侍女，带着玻璃珠的项圈，穿着肥大的衬衫，面露安详的笑容，在舞蹈中踏着优美的步子。

在寺庙的一侧，砌着一个装满丝质旗帜和鲜花的小祭坛。朝拜者以最大的尊敬走进祭坛，向海神祈祷。寺庙的另一侧，是一间以棕榈树叶作弓门的小屋，里边挂满了柳条编的篮子。篮子里盛满了供奉海神的礼物。

在海滩上，成千上万人等着向海神献礼。献礼就是用小船载着装满礼物的篮子驶到海上去，然后把篮子放在水面上，如果篮子沉入海底，就表明海神接受礼物，日后会满足献礼者的请求，否则，篮子就会漂回岸边。

突然，喧闹的海湾寂静了，因为献礼船就要出海。一位女祭司走出来，头上顶着一个大篮子，后面跟着一群侍女。她们手中也拿着篮子。他们顺着石砌的台阶走向海滩。那里，早有许多小船等着去执行神圣的使命。接着小船驶近岸边，接受盛满礼物的篮子，那些献礼者都站在齐腰的水中，虔诚地把篮子递过去。

小船慢慢驶向大海，渐渐地消失在海平线上，留下的人焦急地等待着消息。海神能收下礼物吗？篮子是沉入海中，还是漂了回来？

小船驶向大海的远方，海浪打得小船直摇晃，但是船上的人却不慌不忙地把最大的一个篮子举起来，放在水上，接着把所有的篮子都扔下去，篮子打了一个转，然后沉入海底，只留下一束鲜花漂浮在海面。

傍晚时分，船队回来了，它们带回了好消息，所有的礼物都被海神接受了。人们皆大欢喜，因为海神会给他们的生活带来幸福。这时候，庆祝活动进入高潮，到处都是欢歌酣舞，直至深夜……

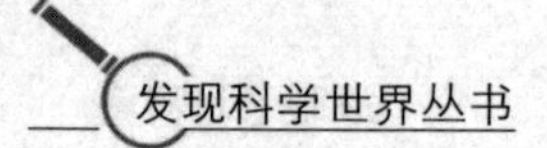

阿根廷的雪节盛会

南美国家阿根廷的巴利罗切市，素以幽深古老的原始森林、雄伟壮观的雪山和美丽神奇的冰湖闻名遐迩，而一年一度在这里举行的雪节盛会，更给这座山清水秀的山城，增添艳丽的姿色。

雪节一般在8月份举行。开幕后，首先由当地雪山部队学校的学员在卡得特拉尔滑雪中心做精彩的滑雪表演，接着举行安第斯山俱乐部组织的阿根廷长距离滑雪比赛。在以后的两个星期里，游客每天都可以根据自己的爱好，参加不同的活动，如看激烈的冰球比赛、摩托车越野赛、篮球比赛、花样滑冰表演、羊毛衫模特队表演和手工艺品展览，听音乐会，观看“巧

克力皇后”的评选，以及小丑、木偶表演。雪节第一阶段结束的场面十分壮观。夜幕下，卡得特拉尔滑雪中心焰火齐放，银白色雪山披上了五彩缤纷的节日盛装，由火炬拼成的图案和欢迎来宾的横幅，将海拔2000多米高的雪山打扮得分外妖娆。几百名滑雪健儿手持火炬，从雪山不同的高度滑下，编织出一个又一个美丽的图形，将节日的庆祝活动推向高潮。

雪节的最后几天，除要举行省级儿童、妇女滑雪比赛外，还有砍木头比赛、餐厅侍者端盘子赛跑、彩车游行和水上赛艇表演。最引人注目的活动，是雪节的评选“雪皇后”活动。评选剧场内人山人海，座无虚席。由不同组织和行业推选出的年轻美丽的姑娘，分别身穿泳装、运动装和晚礼服三次登台亮相，与此同时，节目主持人反复介绍各位参赛选手的自然概况，包括年龄、身材、文化程度和兴趣爱好等，观众不时地报以掌声和欢呼声。评选活动与精彩的文艺演出穿插进行，最后宣布评选结果。当选的雪皇后被当地人看成巴利罗切人美丽与智慧的代表。她将和历届皇后一样，为宣传巴利罗切的风貌和友好，奔走于国内外。

在冰雪中狂欢

每年2月上中旬，加拿大的魁北克城都要举行盛大的“冬季狂欢节”。由于绝大多数居民是法国人后裔，因而狂欢节具有浓郁的法兰西特色。

狂欢节期间，要举行滑雪、滑冰、冰上赛马等一百多种体育和娱乐活动，其中以游行、雪雕和赛船最受欢迎。

游行在周末夜幕降临时举行。游行队伍从拉瓦尔大学出发，在全城主要街道上转一圈。在游行队伍中，坐第一辆彩车的是“狂欢节快乐人”。他是由人装扮的，圆圆的脑袋，鼓鼓的肚子，随着音乐的节拍手舞足蹈，向观众飞吻，一副滑稽可爱的样子。游行队伍由十多辆彩车组成，有的表现冬季娱乐活动，有的表现早期法兰西移民的生活，有的表演法兰西民间舞蹈和神话故事。最后一辆彩车是“狂欢节女王”的彩车。每年的狂欢节，全城都要评选美女，由第一美女当“狂欢节女王”。“女王”身穿大纱裙，头戴王冠，坐在百花丛中，笑容可掬地向人们招手致意。她的这身打扮很难招架住严寒，只好将整个彩车用玻璃罩盖住。

魁北克的冬季很长。聪明的魁北克市民从漫天飞舞的大雪中找到了乐趣，除滑雪、骑“雪摩托”外，每年狂欢节还要举行雪雕比赛。雪雕是市民们自己雕刻的，内容十分丰富：在海浪中遨游的大鲸鱼、展翅轻飞的大蝴蝶、嗷嗷待哺的小羊羔……孩子们来到这里，就好像到了他们的天堂。他们有的骑在雪马身上扬鞭催马，有的爬进蜗牛壳里。男孩子站在雪城上，挺着胸脯，举起冰杖，俨然一位古代武士，女孩子则仪态万方地坐在雪白的女王宝座上，那肃穆端庄的样子就好像真的当上了女王……

狂欢节的最后一天，人们聚集到圣劳伦斯河边，观看划船竞赛。在观众的欢呼声中，20多条小船开始了激烈的角逐。选手们个个精神抖擞，奋力挥桨前进。遇到小冰块阻船，便伸脚踢开，如果遇到冰群，就干脆跳上浮冰，把船从冰上拖着走，即使掉入冰河也不在乎……当观众们向返回码头的胜利者欢呼时，还可以看到远处几只小船在浮冰上挣扎呢。

安哥拉的岛节

在依山傍水、美丽如画的安哥拉首都罗安达的城西，有一个大自然恩赐的马蹄状海湾——角岛。那弯月般延伸的十里长堤，时而揽碧波，时而挡巨浪，俨然一道坚不可摧的天然屏障。岛上棕榈挺拔，绿树成荫，沙滩柔软，海风宜人，罗安达市民的传统节日——岛节，便在这里举行。

罗安达市建于1605年。据记载，罗安达一词源于当地土语阿西罗安达，意为撒网渔民。当年此地居民以捕鱼为生。他们把大海的反复无常视为海神的情绪变化。为使海神消火息怒，不再伤害出海渔民，每年11月底他们都要举行祭海仪式，连续3天向大海抛撒食品。

如今的渔民岛节，既保留了古老风俗，又增添了时代特色。岛节第一天，首先举行祭海仪式。4位年老资深的妇女，身裹红袍，将精心操办的一桌酒席安放在海边，然后面海跪坐。一位老渔民代表，上前向海神祈祷，一位政府代表表示预祝来年渔业丰收。人们纷纷向大海抛撒鲜花，老渔民向海中抛下食品。祭海仪式在老年渔民和妇女们的悲歌声和翩翩起舞中结束。紧接着是尽情欢乐的3天。人们在海滩上搭起各种帐篷，向人们出售烟酒、水果、风味食品。人们开怀畅饮，谈天说地，欢歌醉舞，通宵达旦。那五彩缤纷的民族服装，节奏明快的非洲鼓乐，刚劲有力的舞蹈动作，交织成一股叱咤风云的气势，令人情绪振奋。岛节期间，还有各种令人着魔的竞赛活动。如食品展销伴有烹调比赛，如果比赛结果被你猜中，你可以免费美餐一顿。此外，跳伞表演和帆船比赛又给古老习俗增添现代风姿。展示最新款式的时装表演队，更为节日涂上一道摩登色彩。

如今，岛节已成为安哥拉人民能歌善舞的象征，是安哥拉人民朴实勤劳的缩影。

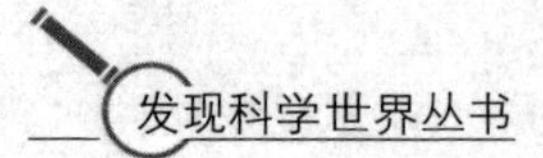

温尼伯民风节

千姿百态的歌舞表演、琳琅满目的食品、艳丽多姿的服装和色彩缤纷的文化艺术展览，还有人山人海、川流不息的人群，构成了北美最大的多元文化节——加拿大温尼伯民风节。届时，温尼伯市的绝大多数的展览馆向观众开放，使该节盛况空前。

自1970年温尼伯市政府决定资助马尼托巴省建省100周年庆祝活动后，因为参加的民族逐渐增多，民风节便演变成一年一度的具有多元文化特色的盛会。

节日期间，每个民族都要选出一名自己展览馆的“馆长”、一名“女王”和两名青年使者。这些人负责馆与馆之间的联络并为增进相互间的了解和友谊而工作。馆长和“女王”恭候来宾，并作为“贵宾”去其他展馆访问。

各式彩车组成的游行队伍从四面八方向市中心行进时，路边挤满了围观的人群。每个展览馆的馆长和“女王”坐在车上同观众见面。彩车的装饰颇有特色，法国馆的车上放有巴黎铁塔的模型，韩国的车上装着象征奥运会的五色花环。大部分彩车由机动车牵引，也有马拉的。警察们骑着摩托车沿途护送，好不热闹。

琳琅满目的食品是最受观众喜爱的。各民族馆都带来色香味最佳的食品供观众品尝。瑞典馆动用几万磅牛肉馅，做成肉卷出售，希腊馆也不甘示弱，腌渍、烧烤和冷冻几万个羊肉串，中国馆出售春卷、炒饭、炒面、糖醋排骨等传统的食品。观众们可以游遍展览馆，尝尽天下美食。

民风节闭幕式上的表演十分精彩，堪称节目大荟萃。其中，中国馆的节目独领风骚，备受青睐。1988年的闭幕式上，中国馆的“节日彩绸”轰动温尼伯城，受到人民的欢迎和喜爱。

尼罗河泛滥节

勤劳、勇敢的埃及人民世世代代生活在世界最大的河流之一——尼罗河的两岸，在尼罗河水冲积而成的沃土良田上休养生息，创造了灿烂多彩的民族文化。埃及人民视尼罗河为母亲河，每年河水泛滥之际，都要举行盛大的庆祝活动，感谢尼罗河赐予他们的智慧和幸福。这便是埃及有名的节日之一——尼罗河泛滥节。

相传，尼罗河泛滥是因为伊兹斯女神痛哭之故。女神伊兹斯的丈夫乌兹利斯遇难身死，她悲痛欲绝，一时泪如雨下。泪水落到尼罗河里，致使河水上涨，洪水泛滥。

这一古老的传说，直至今天仍在埃及人民中间广泛流传。

每年6月17日或18日，尼罗河水开始变绿，这是尼罗河即将泛滥的预兆。此时，人们举行一次欢庆活动，称为“落泪夜”。8月，当河水漫过河床堤坝，淹没土地的时候，人们还要庆祝一番，感谢河水的泛滥给两岸人民带来的沃土良田。欢庆之时，来自四面八方的人们喜气洋洋，云集在尼罗河边。祭司手托尼罗河河神的木雕像，并将它放在岸边。人们见到这个雕像，都虔诚地低下头以示敬意。然后祭司高声朗诵祷词，以求吉祥幸福。人们则开始和着乐曲，唱起赞歌，跳起欢快的舞蹈。在埃及有的山区，祭司们把印有文字的纸扔到水中，纸上写着：“河水来访，绝对自由。”表示人们永远欢迎这泛滥的尼罗河水。作为庆祝活动的一部分，许多人还泛舟尼罗河上。无数只彩色小舟漂浮水面，恰似水中绽放的万朵莲花。水面波光粼粼，人们在船上载歌载舞，尽情欢乐，愉悦的笑声回荡在尼罗河两岸的上空。

公主献身护城

每年的6月23日，是波兰的斯布特卡节。

每年的这天，在波兰克拉科夫，人们聚集在瓦维尔王宫下面的维斯瓦河边，向水里投放许许多多鲜艳的花束或花圈，花圈上点燃着许多小小的蜡烛。烛光映在浅蓝色的河面上，就像满天星斗闪烁在夜空中。亮晶晶的闪光像流星似的在维斯瓦河面随着河水的漂流而荡漾。多少年来，那富有诗意的美丽景色，不知吸引了多少波兰人的心。

关于斯布特卡节的来历，源于一个美丽的传说。传说在很久很久以前，皇宫里有一位叫娃妮坦的漂亮公主，被德国王子看中了。德国派人来向公主求婚。公主心中非常清楚，若是嫁给了德国王子，克拉科夫就会变成德国的城市。于是，娃妮坦公主决定用生命来保卫城市。一天夜里，公主从瓦维尔王宫的宫墙上跳了下去，为保全城市奉献了自己的美貌和青春。公主的死，激起了全城的悲愤，也激起了人们的爱国热情，为了纪念这位坚贞不屈的公主，他们在每年的6月23日欢庆斯布特卡节。

节日的晚上，维斯瓦河边的草地上燃起了一堆堆篝火，奏起了古老的波兰乐曲。姑娘们和小伙子们围在篝火旁，尽情欢唱。男女青年在歌舞中相识，一旦一见钟情，就双双跑进河边的树林深处，相互倾吐爱慕之情。维斯瓦河上的通宵灯火，已不知使多少波兰的青年男女结成美满姻缘。难怪波兰的青年夫妇在迎接一个小生命诞生时，往往会情不自禁地想起斯布特卡节那个美好的夜晚。

德国的十月啤酒节

每年10月10日，为德国慕尼黑市的啤酒节。届时，城内无论男女老少，都兴致勃勃地坐在高大的栗子树下，以烧鸡、香肠作为下酒菜，尽情地畅饮着冰凉清甜的啤酒。栗子树下，秋风习习，饮客们有的高谈阔论，有的欣赏着乐队演奏的德国传统音乐，个个乐不可支……

慕尼黑十月啤酒节起源于1810年。当时巴伐利亚邦的储君卢路亲王于十月十日与邻邦的一个公主成亲，慕尼黑人民饮酒狂欢庆祝。于是，这个庆典沿袭下来，成了如今每年一次的啤酒节。坐在栗子树下饮酒，也有缘由。原来，在尚未有冷冻设备之前，德国人习惯将啤酒放在栗子树脚下的地窖里，借栗子

树的树荫使啤酒保持清凉。后来有了栗子树下饮酒的习俗。

节日开始的那一天，中午12点，慕尼黑市市长在开幕仪式上，随着十二响礼炮的轰鸣，打开第一桶啤酒的木桶盖，啤酒节于是开始。这时数百个卖酒的摊位，早已坐满了迫不及待的饮客。仪式一过，穿着德国传统服装的啤酒女郎，立即将新鲜的啤酒用容积为1公升的单耳大杯，川流不息地送到饮客面前。这些娇丽如花的女服务员，气力可真不小，她们一次可送上10杯，有人甚至不用托盘，只用双手提着啤酒杯的身柄，两手分别四、五杯，健步如飞地穿梭在人群之中，宛如彩蝶纷飞。

慕尼黑市政府对10月啤酒节十分重视，将它作为德国的最大节日之一。这一来是为保持德国特有的风俗，同时也用以吸引游客。慕尼黑市各界为了迎接这个狂欢节日，几乎从年前就开始准备，特别是德国几家最著名的啤酒厂，为了借这个节日大作推销广告，莫不挖空心思，各出奇谋，在啤酒节会场中，摆设五光十色的摊位招揽顾客。

露西亚节

每年的12月13日，瑞典人民都以极大的兴趣和饱满的激情，欢度隆重而古老的露西亚节。

瑞典的露西亚节，源于一个美丽的传说。很久很久以前，一位美丽的露西亚女神降临人间。她头戴艳丽的花冠，身着洁白的纱裙，不仅姿容俊美，而且心地善良。女神喜爱光明，憎恶黑暗，自从她降临人间的那一天起，白天渐长，黑夜渐短，人们享受到了充足的阳光。为了纪念女神的恩典，人们便把女神降临的那一天，称为“露西亚节”。

节日之夜，企业、学校、团体和家庭都要选出最美丽的姑娘，扮成一位“露西亚女神”。依据传说，“女神”头戴花冠，上面装饰有6支蜡烛式的小电灯，身穿洁白的长衣，在摆满节日食品的大厅或室内，接受人们的赞许和表扬。穿着红白等各色节日盛装的人们，簇拥在“露西亚女神”的周围，载歌载舞，高声赞颂。“女神”则向人们敬献咖啡和美酒，同时唱歌、跳舞，直至深夜方散。

第二天清晨，“露西亚女神”早早地起床，为亲朋和好友敬送咖啡，以表节日的美好祝福。

值得一提的是，节日那天，瑞典首都的各大报社还组织大型的庆祝活动，将国内外露西亚节中选出的最美的“露西亚女神”装扮起来，乘坐装饰得五光十色的敞篷汽车，由乐队引导，在大街上游行，街道两旁的人们争相观看，向“露西亚女神”挥手示意。然后，“女神”和群众云集到市政府大厅，在那里，他们高歌狂舞，尽情欢乐，直至深夜。

“露西亚节”作为瑞典的传统节日之一，深受瑞典人民的喜爱。它反映了瑞典人民厌恶黑暗，向往光明的美好心愿。

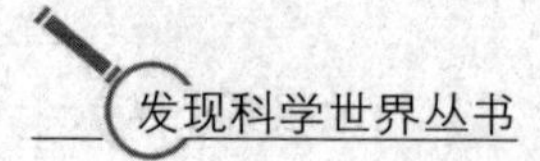

尼泊尔迎宾

尼泊尔的迎宾仪式既独特又隆重。每当贵宾到来之际，从机场到宾馆，沿途随处可见临时搭起的一道道拱门。拱门的两侧各放一个一尺多高、金光灿灿的黄铜罐，上面插上绚丽多彩的鲜花。贵客下榻的宾馆内，到处点燃着一米多高的酥油灯。酥油灯古色古香，制作十分精美。灯光交相辉映，使人有如步入仙境的感觉。

宾主相见之时，主人伸出舌头来欢迎客人，因为舌头和心都是鲜红的，红舌头代表赤诚的心。交谈时，尼泊尔人常常会摇头或者点头。摇头表示赞成，点头表示不赞成。

每当客人来访时，尼泊尔人都要赠送礼物，礼品多为尼泊尔小帽、廓尔喀腰刀和“登程鞋”等。尼泊尔小帽是一种官方规定的礼帽，多为黑色或花色。廓尔喀腰刀是一种弧形刀，是十分精美的工艺品，其大小不等，品种繁多。大的有一尺多长，可以杀鸡、宰羊、砍柴、切肉，为家庭常用工具；小的不到一寸长，别在胸前，很像一枚小巧玲珑的纪念章，十分雅致。当客人离别登程时，尼泊尔主人喜欢赠送手工制鞋，男宾的鞋为黑色，女宾的鞋为红色，做得结实耐穿，很有特色。

“尼泊尔”在尼瓦尔语中，“尼”是“中间的”意思，“泊”是“国家”的意思，“尼泊”就是“中间的国家”，因为它位于印度和中国两个大国之间。在藏语中，“尼”是“家”的意思，“泊尔”是“羊毛”的意思。由于尼泊尔盛产羊毛及毛织品，所以这个国家又被称为“羊毛之家”。

苏格兰高地运动会

苏格兰民族是居住在英国北半部的一个勤劳勇敢的民族，以热情好客、豁达豪爽、富有民族正义感而著称。苏格兰民族不仅能歌善舞，而且酷爱体育运动。如今，在苏格兰各地盛行的高地运动会，就充分体现了这个特点。

高地运动会起源于古代苏格兰的高地部族。古时候的高地部族过着游牧生活，为了抵御外来的骚扰，部落常常举行各种竞技比赛，从中物色杰出的青年担当部落的守卫。这就是高地运动会的雏形。当时进行的比赛只有田径、射击和击剑等。为了助兴，运动会期间还要穿插进行各种民间舞蹈和器乐表演。所以，高地运动会从一开始就不是单纯的体力角逐和技艺较量，

同时也是高地部族人民欢聚的节日盛会。

现代高地运动会的比赛项目很多，多数要靠力气取胜。其中掷重球是最能显示力气的一项比赛。重球是用金属制成的，配有短链和摆手，须单手投掷。球的重量分28磅[①]和56磅两种。28磅的一种以掷远取胜，56磅的以掷高和掷远取胜。掷高时，重球须掷过6米高的杆子，这就如同一个人将一个八九岁的孩子单手从地上抛到一辆双层公共汽车上一样，令人瞠目结舌。

掷树干是富有民族色彩的运动，是比力量和技巧的项目。投掷者要双手托住一根向上直立着的枞树干，跑出几步后将它朝前方掷出，使之翻转一周后，落下时，树干的方向要和掷出点在同一直线上。最杰出的大力士可以投掷20英尺长、8～10英寸[②]粗、重约140磅的树干。

掷木柄锤是另一项投掷项目。木柄锤长4英尺[③]，重量有16磅和22磅两种。投掷者两脚分开站立，投掷者不得移动，以投的远近决定胜负。古时高地人比赛时使用的是铁匠用的普通锤子，后来改用木柄锤，近代国际比赛中又做了改革，成了今天的链球。

---

①磅：英制质量单位。

②英寸：英制长度单位。

③英尺：英制长度单位。

此外，掷石块运动又是一项投掷项目。以掷出石块的远近决定胜负。到了19世纪末，这项运动被列为国际比赛项目，并改用金属球，这就是今天奥运会中的掷铅球。

高地运动会是苏格兰传统民族体育的检阅会，同时也是苏格兰舞蹈家们济济一堂、显露才华的联谊会。每当以风笛为主的乐队吹奏起悠扬动听的乐曲，活泼英俊的青年男女欢快地跳起热情奔放、洋溢着民族气息的舞蹈，运动会平添了喜庆气氛。

印度新岁竞“蛇船”

在印度的东南部，有一个美丽的海湾城市，叫做卡基纳达。每年的新春佳节，在这里都要举行一次隆重、热烈的民间贺岁活动——“卡基纳达划船赛”。这种比赛所用船只也很特别：船长60多米，船头有14米多高，船头的形状宛如直挺长颈的眼镜蛇。因此，有人干脆称它为“蛇船”。“蛇船”的船身和几百根桨，全部披挂镀金的装饰品，绚丽多姿，漂亮非凡。

“卡基纳达划船赛”有着悠久的历史。当地的老人经常向儿孙们讲述这样一个故事：在很久很久以前，卡基纳达的寺庙里供奉着几尊珍贵的圣人佛像，每逢节日，人们都到这里膜拜供祭。可是有一天，卡基纳达海湾遭受海盗的袭击，可恶的海盗把寺庙里供奉着的圣人佛像和丰盛的祭品洗劫一空后扬长而去。这种亵渎神明的行为，激起卡基纳达人的极大愤慨。为了防止再发生类似的事情，他们建造了这样的“蛇船”，以防恶除暴，追击敌人。这种大船可以载100—150名骁勇彪悍的划手。因此，它的速度很快。以后，“蛇船”在战争中发挥了重要的作用。为了纪念这古老而富有意义的“蛇船”，现在每年都要举行这种印度全国闻名的卡基纳达划船比赛。

运动员们上船后，掌握航向的是当地的祭司。全体划手一律缠头、赤脚，身穿白衣。根据古老的规矩，妇女不允许上船。所以船上只有男人。随着祭司的一声号令，千桨竞划，“蛇船”开始移动。这时，每只船上的歌唱家唱起亢奋激昂的歌曲，划手伴随着音乐轻重缓急的节奏用力划桨。歌声越来越疾，船速也越来越快。一时间，辽阔的海面上歌声荡漾，一艘艘“蛇船”你追我赶，白浪飞溅……

威尼斯的木桨船赛

每年9月的第一个星期日，意大利水乡威尼斯都要在贯穿城市的大运河上，举行盛大的“历史性的雷加塔”，即划船比赛。“雷加塔”，意思就是木桨船比赛。届时，威尼斯居民倾城而出，潮水般涌向大运河西岸，欣赏精彩而激烈的划船比赛。

“历史性的雷加塔”有两部分节目，首先是化装的古船队表演。当五彩缤纷的古船队出现在运河水面时，观众们都会情不自禁地高喊：“妙极了！”几十艘化装古船上，有的坐着达官贵人，有的载着外国的国王和皇后，有的桨手穿着外国的民族服装，有的船化装成孔雀，有的化装成海豚……场面栩栩如生，别具风趣。

当古代化装船队来回游弋表演后，正式划船比赛便开始了。比赛分为4组：青年组、妇女组、“卡奥利纳”组和“小贡多拉”船组。其中以“小贡多拉”船组的比赛最为诱人。获得这项比赛冠军者，不仅得到最高奖金，而且名字将载入威尼斯的地方史册。如果连续5次获得这项比赛的冠军，则被命名为“桨王”，并授予“桂冠”。由于将获得丰厚的奖金和崇高的荣誉，所以“小贡多拉”船组的比赛最为精彩激烈、扣人心弦。

“历史性的雷加塔”是一场高水平的船赛，它不仅斗力，而且斗智。谁想获得冠军并非易事。桨手的布局是非常讲究的，通常是高大个子的桨手在船头，用他的力量带动小船前进，船尾的桨手个子要小，重量轻，反应灵活，特别在拐弯处争抢有利航道时，后面的桨手起着决定性的作用——要随时摆动船头阻挡对手船只抢先。划桨也有学问，木桨下水不能太深，太深会使船下沉，影响前进的速度。另外，比赛时还需注意风向和海水流向，及时进行调整，否则会影响船速。选手们只有掌握上述诀窍，相互间密切配合，奋力拼搏，最终才会获得殊荣。

“沙漠之舟”的角逐

亚洲及非洲的许多国家都有骆驼大赛，但是阿联酋的赛骆驼规模之大、奖金数额之惊人，则为世界之最。

每年10月至次年3月底是阿联酋赛骆驼的季节。赛驼节到来之日，举国上下不分男女老幼，皆沉浸在无比欢乐的气氛中。赛驼节期间，每年都有数以千计的国内外游客前往阿布扎比大饱眼福。此时，该城的大小旅馆爆满。许多人夜宿在自己的汽车里，或住宿在沙漠中星罗棋布的帐篷内。人们怀着浓厚的兴趣，等待观赏精彩的骆驼大赛。

节日期间，位于阿布扎比东南100多公里的瓦斯白比赛场，彩旗飘扬，鼓乐喧天。长达100余米长的观礼台上人山人海，欢呼声、呐喊声此起彼伏。在观礼台正前方宽阔的草坪上，身着白色长袍的青年手持长剑，踏着鼓点，边唱边跳；一群服饰艳丽的姑娘一字排开，甩动秀发，翩翩起舞。每组比赛结束后，总统要亲自向优胜者颁发奖品。奖品金额之大令人瞠目。有时奖金总数高达525万迪尔汗，此外还有近百辆的各式小卧车作为实物奖。

奖金的数额虽然大得惊人，但它与养驼人、驯驼人付出的劳动恰成正比。要知道，驯出一匹骆驼冠军绝非易事！养驼人先要委托有经验的驯驼人，到市场上选购良种幼驼。买回后进行精心饲养。饲养骆驼很有学问，除喂以青草、树叶、苜蓿等粗饲料外，还要辅以大麦、玉米、蜜枣、蜂蜜之类的高级营养品。只有这样，骆驼才会健壮有力。幼驼两岁以后，要天天训练散步、跑步，从一次10公里逐渐增至20公里。当骆驼能在14分钟和18分钟内分别跑完8公里和10公里距离，那么它便是一名优秀“选手”了。

海湾人十分珍惜骆驼，在海湾人民的心目中，骆驼是一种高尚品格的象征，具有吃苦耐劳的精神。虽然在发达的城镇，骆驼作为交通工具已成为过去，但在边远的沙漠地带，“沙漠之舟”依然名副其实，加上每年举行近6个月的骆驼大赛和为获

奖者颁发重奖，更增加了骆驼在人们生活中的地位和商业价值。阿联酋总统扎耶德执政后，非常重视养驼业和组织骆驼赛，把这看做是继承和发扬民族遗产的一个重要方面。根据他的指示，阿联酋政府采取了一系列措施，鼓励发展驼业，每年向养驼者提供财政援助，出售廉价的高营养饲料，建立兽医中心，对骆驼提供现代化的医疗服务。

西班牙斗牛

每年的7月7日至14日，在西班牙东北部的潘普洛纳城，人们都要欢度圣·费尔明节。圣·费尔明是潘普洛纳城的守护神，节日因此而得名。圣·费尔明节以斗牛为主旋律，场面壮观宏大，内容丰富多彩，素有“举世无双”的美誉。

节日期间，每当夜幕降临，位于市中心的卡斯蒂略斗牛场内，彩灯齐放，游人如潮，欢歌笑语此起彼伏。精彩而壮观的斗牛表演开始了……

人们兴奋的欢呼、呐喊，随着一阵鼓乐声，斗牛场边的门洞徐徐打开，一条剽悍凶猛的大公牛冲入场内。在观众的叫喊声中，公牛惊恐万状，东奔西突，似有冲出重围之状。此时，

斗牛士的助手从挡板后走入场中，用粉红色的披风小心翼翼地逗引公牛进攻，周旋几个回合之后，退出场外。这便是斗牛的第一程序——亮相。紧接着，斗牛的第二个程序——刺肩开始。一名手持长矛的骑士，骑一匹高头大马入场，人和马都披着厚厚的护甲。看见骑士的到来，早已气急败坏的公牛立刻向他猛冲过去，用双角死死抵住马肚不放。骑士则趁机把长矛刺进牛肩。顷刻，一股殷红的鲜血从牛肩上喷涌而出。场内观众齐声为骑士叫好、欢呼。刺肩完毕，插“旗”开始。所谓旗，是6根2尺长、带倒刺的彩色刺棒。斗牛士和他的助手要把这6根刺棒统统插入牛肩。这是智慧和胆识的考验。经过挑战和放血的公牛虽然精力锐减，但余勇犹在。一见斗牛士出现在眼前，便向他疯狂冲去。斗牛士也飞奔迎上去，在人和牛相遇的一瞬间把刺棒插入牛肩。公牛痛苦地昂起头，使劲抖动身躯，欲把刺棒抖掉，然而刺棒早已生根似地扎进它的肌肤之中。此时的公牛口吐白沫，摇摇晃晃，行动变得十分迟缓。于是，主斗牛士一手拿利剑，一手拿大红布入场。他先用大红布逗引公牛，公牛虽流血过多，行动迟缓，但一见红布仍没命地冲过去。然而速度和力量已是强弩之末了。因此斗牛士可以放心大胆地作出各种惊险动作，甚至可以双膝跪地，抖动手中红布向牛挑逗。

但牛已力不从心，难以迈步向前，只好呆呆地站着。这表明决战时刻已到。于是，斗牛士请求裁判委员会批准斗牛的最后一个程序——刺剑。斗牛士手拿一柄1米多长的利剑，再与牛挑逗几个回合后，举剑远远瞄准牛的颈部，趁牛再一次向他冲来之际，疾步上前，把剑从牛颈椎的骨缝中插进。那头先前气势汹汹的大公牛，终于摇摇晃晃地倒毙在斗牛士的脚下……一场过后，平整场地，换人换牛进入下一场。表演一场比一场精彩，一场比一场扣人心弦。

葡萄牙斗牛

说起斗牛，人们自然想到紧张激烈的西班牙斗牛，然而你如果到葡萄牙旅游的话，也一定会看到一幕幕动人心魄、难以忘怀的葡萄牙式斗牛。葡萄牙斗牛与西班牙斗牛不同，除了许多细节不同之外，最大的区别在于葡萄牙人不把牛杀死。

斗牛表演在乐曲声中拉开帷幕，16名缚牛手、3名扎枪手、4名斗牛手和3名骑手分别入场。他们与军政首长互相敬礼，向欢呼的观众致意，气氛颇为热烈。他们给人的第一个印象是潇洒和高雅，绝无任何粗鲁之状，也并非像人们想象的那样健壮。最潇洒的是缚牛手，暗黄色贴身长袖装，勾勒出优美的身体轮廓；最高雅的是骑士，戎装华丽，头戴三角羽毛帽。

当一段舒缓的乐曲在斗牛场内回响时，表演开始了。随着一阵高亢而急促的小号声，一头牛猛然冲进场内，它先看到场地旁、挡板前的一块红斗篷，便朝它顶了过去。一位斗牛士站在挡板后面，探着身子挥舞着红斗篷。牛冲到跟前的一刹那，他猛地又把斗篷拿开。接着，10米以外的挡板处又出现了一个红斗篷，牛又朝那里冲去。这便是斗牛的第一项内容，让它先沿直径40米的圆形场地冲撞一圈。

接下来，轮到场地中央两名手持红斗篷的斗牛士表演。他们不断做优美、潇洒的转身，逗引牛朝他们冲去。红斗篷一次次把公牛逗急之后，轮到骑士大显身手。他先手执长柄扎枪，骑在马上朝着憨厚的牛挑逗。坐下的那匹马与主人配合默契，它忽而侧身迈着令人称绝的舞步，忽而抬起一双前蹄，向牛示威。牛经不住挑逗，不顾一切地冲将过去。而那匹训练有素的马，则在它冲到眼前的一瞬，忽然灵活地调转身体，与牛擦身而过。骑士眼疾手快，准确地把扎枪刺中牛脊。观众为骑士欢呼、叫好。直至三支长枪和三柄短刀统统插入牛脊。暗红色的血流淌下来，顺着牛的脊背滴在黄沙上。牛在挣扎，它急躁地晃动身躯，或者用前蹄刨起沙土。几米开外，骑士在高声奏响的《斗牛士之歌》旋律中，接受全场观众如醉如痴的欢呼。

当又一阵高亢、急促的号声响起来的时候，八名缚牛手高呼一声，跨过栏墙跃入场内。他们赤手空拳，纵向排成一行，面对牛站定，最前面的距离牛仅有六七米远。为首的一位双手叉腰，不时跺着脚，口中发出挑逗的喊叫。当那头身上淌血的牛看清前方那一列人在向他挑衅时，就拼足全力，不顾一切地冲过去。就在牛冲到面前的一刹那，为首的缚牛手飞身跃起，扑在牛头正中央，死死抱住不松手。此时，排在后面的七位缚牛手相继投入战斗，从正面和侧面用全身的力量压住牛身，拥住牛头，迫使它收敛威风。牛不屈服，奋力挣扎，然而它终究对付不了八个人的力量，终于动弹不得了。一侧的栏墙门打开了，十几头母牛拥进场内。它们是来安抚受人欺侮的公牛的。它们在场内兜了一圈，簇拥着受伤的“战牛”撤离了战场。此时，场内高奏《斗牛士之歌》，观众向英雄的斗牛士们欢呼致意，场内场外成了一片欢乐的海洋……

兀鹰斗公牛

西班牙的斗牛闻名遐迩，而秘鲁的兀鹰斗牛，却鲜为人知。

在秘鲁，每年一度的兀鹰斗牛，是当地印第安人的一种古老的风俗，它反映了印第安人不屈不挠的斗争意志和斗争必胜的决心与信念。举行这种活动之日，被称为“雅瓦尔节”（雅瓦尔意思是血）。

捕捉大兀鹰是迎接“雅瓦尔节”的最重要的准备工作。大兀鹰即兀鹫，又称坐山雕。它体大性猛，尖嘴利爪，展翅长达3米，重10～12公斤，是安第斯山麓中的百鸟之王。它是秘鲁南部印第安人心目中的“英雄”。兀鹰生性多疑，视觉敏锐，难以捕捉。印第安人在长期的捕鹰生活中，积累了一套成功经验，

把马的尸体放在一个大坑里，狩猎者在远离大坑一公里左右的地方隐蔽起来。当兀鹰饱食得难以展翅时，人们骑马奔来，把大坑团团围住，一根根打好锁扣的绳子抛向兀鹰。第一个套住兀鹰的猎人被视为英雄，在庆祝仪式上声名显赫，备受崇敬。

斗牛当天，彻夜未眠的人群早早就围在斗牛场的周围，你拥我挤，人人都想占个最佳位置。决斗的入场式在热烈的掌声中举行：只见大兀鹰身披红色斗篷，大壮牛身披蓝色缎子织物，在捕鹰手带领下绕场一周。接着镇长作简短讲话，并宣布斗牛正式开始。人们给兀鹰和壮牛灌足白酒，然后用绳子把兀鹰系在牛的腰部，借助一根又粗又尖的钢棍和一条皮鞭，把驮着兀鹰的壮牛驱赶入场。大兀鹰骑在牛背上，用两只利爪紧紧抓住牛脊梁的皮肤，用尖嘴穷凶极恶地狠啄牛的身体。此时，牛吼叫、蹦跳、向前冲去，在场上打圈子。壮牛越挣扎，兀鹰啄得越凶。牛疼得打颤，怒得发吼，一会儿停步顿足，一会儿奔跑狂跳，但把兀鹰从背上摔下来的一切努力均属徒劳，只见牛体血肉横飞，鹰嘴和牛背上的肉，血淋淋地粘在一起。牛开始支持不住，打几个趔趄，惨叫一声，倒在地上。这时，栅门大开，猎手在人群的欢呼声中进入场地，解开捆绑兀鹰的绳索。被释放的兀鹰展翅腾飞，以胜利者的雄姿，远走高飞。顷刻间，人群沸腾起来，排成一条条由50至60人组成的长蛇阵，在铜管乐中跳起集体舞，曲曲弯弯，此起彼伏，一直跳到暮色降临……

菲律宾斗鸡

在千岛之国菲律宾，风俗性娱乐活动五花八门、多种多样。但其中最为壮观、最富有菲律宾特色的当属斗鸡游戏。

这个国家的各阶层人士，上到达官显贵，下到平民百姓，无不以训练斗鸡为乐事。每到星期天或其他节假日，人们便涌进斗鸡场，让自己训练的“斗士”一展雄风，在它们的生死搏斗中体验生活的乐趣。

专用斗鸡场一般用竹木搭制而成，四周严密围起。组织斗鸡工作的有两名管理员和一名裁判。参加争斗的雄鸡不分重量级别，只要双方的主人认为比赛公平合理，便可放手让它们一决雌雄，争个上下高低。胜负的判断也很简单，哪一只斗鸡活着结束比赛，哪一只就是胜利者。如果一只斗鸡失败逃走，它的对手便赢了。如果两只斗鸡都在争斗中丧命，比赛的结果便是“平分秋色”。

一场殊死之战开始了。斗鸡场上的两名管理员分别把一只弯形的小刀，绑缚在斗鸡的左腿上。小刀的长度不等，但一般在15厘米左右，刀刃锋快、透着寒光。管理员在把斗鸡放进斗鸡场之前，先用手臂抱住它们，让它们面对面彼此叨啄一番，以此来激起它们“战斗”的欲望。慢慢地两只斗鸡开始变得不能自持。这时候，管理员把鸡腿上的小刀刀壳去掉，在泥沙地上把斗鸡放好位置，然后向它们发出激励“斗志”的声音。

裁判员的信号一响，管理员放开各自的斗鸡。此时此刻，两只斗鸡“仇人相见，分外眼红”。它们各自振翅搔土，摆出最有利的战斗姿态。接着，便是一阵猛打猛冲，两只斗鸡用自己腿上的利刃猛刺对方。

鲜血迸流，羽毛飞舞。一只斗鸡被刺中倒地毙命。一场游戏也在成功者的欣喜和失败者的沮丧中落下帷幕。

泰国的斗鱼

斗牛、斗鸡已不是什么新鲜事，可斗鱼却很少听说。然而，世界之大，无奇不有，斗鱼之风在泰国就很盛行。

泰国斗鱼颇为奇特、有趣。参赛的“选手”都是经过多次选拔的体粗力强的雄性鱼。一般在交战前，先选择训练有素、体型相近的两位“选手”，分别放置在两只玻璃水缸里，并靠在一起，使它们看得见却碰不着。同时调节光线，由黑暗到明亮。随着光线的不断增强，两位“选手”一见如仇，凶性骤增，它们张鳍鼓鳃，体色鲜明，似乎恨不得马上进入搏斗。此时，把它们放到同一水缸里，一场斗鱼大战便开始了。

开初，它们并不马上格斗，而是头朝着一个方向，作试探性攻击。经过几个回合的试探和挑逗后，双方发起了猛烈的进攻。它们用嘴撕咬，头顶尾击，你追我逐，直搅得水缸水花翻腾。经过一番厮杀后，彼此的鳍被咬得破破碎碎，双方仅留下一点鱼鳍根，鲜血直往外渗。经过短暂的休憩后，激战再次开始。双方采取迎头攻击的方式交战，嘴巴咬嘴巴，死命不放。它们一边挣扎，一边在水中团团转，逐渐沉到水底，一动不动地相持10~20秒钟后，自动解除僵局，游到水面呼吸一口新鲜空气，再次投入战斗。经过长达2个多小时的鏖战后，终于其中的一位“选手”甘拜下风，调头游开了，“胜利者”“神采飞扬”，悠闲自得地浮游在水面，接受人们的赞美和夸奖……

斗鱼互相搏击时，经过反复的较量后，斗鱼的体色会奇异地改变颜色，由绿变紫，由紫变浅黑，令人称奇。更有趣的是，它们斗得兴起时，会被胜利冲昏头脑，甚至连自己也不认得自己了。如果拿一面镜子放置在透明的鱼缸外，斗鱼会舍命朝镜中的影子猛冲，尽管接连碰壁，仍不明白，直撞得“头破血流，焦头烂额”。

在斗鱼表演中，用来格斗的这种鱼是热带鱼中的一种，广泛地生长在东南亚沿海地区。它体长一般6~7厘米，体色赤褐，具有几条蓝绿色斑纹横带。它口小、吻短、眼睛大，条旗

形的尾，鳍呈丝带状，鱼体呈红、青、蓝、白等颜色。这种鱼生性倔强好斗，因此泰国人称之为“斗鱼”。

阿根廷赛鸭球

说起阿根廷的体育活动，人们首先会想到它的足球，可对于阿根廷的一项独特的民族体育运动“鸭球”，大多数人恐怕知之甚少。所谓“鸭球”，顾名思义就是将一只活鸭子装入一个球内，而用来进行对抗性比赛的独特活动。

17世纪上半叶，阿根廷的潘帕斯平原上居住着一个印欧混血的民族——高乔人。高乔人以畜牧业为生，人人长得粗壮强悍，性格豪爽。劳动之余他们喜欢玩一种马上抢夺一只活鸭子的游戏。长于骑术的高乔人在5．5公里的骑马奔跑中，争来夺去，最后以将鸭子先放入对方皮口袋者为获胜者。渐渐地这种游戏普及推广开来，成为阿根廷盛行的一种体育活动。

由于活鸭子在双方对阵争夺中往往被撕扯得血肉模糊，很不文雅，所以，这一活动被禁止达100多年。后来，又得到恢复，不过鸭子被包缝在皮球里，仅露出鸭子的头和脚，并且在球外安上两个柄环，以利争夺时抓握。这就是鸭球的雏形。

20世纪30年代，鸭球舍“鸭”留“球”，比赛用的球改为外用皮子、内充棉花或干草的实心皮球，外面拴上几根绳子。到了80年代，则干脆改用充气的篮球、足球代替，外拴牛皮带子作把手。

鸭球比赛的场地比足球场大，为长方形。场地两端树立着别致的球架，架上置有一个直径为1米的铁制篮圈，篮圈下沿距地面3米。当比赛开始时，骑在马上的裁判将球往高空一抛，排列在球场两端的双方骑手，跃马扬鞭冲进场内开始激烈争夺。一个队员争到球后，队友在旁掩护，持球队员奔向底线，奋力将球投入篮圈便为得分，哪一队投进的次数多，哪一队便获胜。

鸭球比赛在马上高速进行，因此非常激烈惊险。上场的队员一身的武士装束：头戴钢盔保护帽，身穿紧身衣，腰束宽条松紧带，下套收口灯笼裤，脚穿黑色长筒皮靴，威武潇洒，勇猛剽悍。

泰国的象戏

每年的11月下旬，泰国的素辇都要举行盛大的赛象会。

大象和泰国人民的生活紧密相连。它们不但是工作能手，而且也是出色的杂技演员和运动员。各种丰富多彩、惊险有趣的象戏，更是泰国人民文化娱乐生活中不可缺少的节目。

每到赛象会，赛象场的观众人山人海，市民们穿着节日的盛装，热闹非常。当省长宣布赛象会开始后，大队的象群就浩浩荡荡走入场中，其中有出生不久的幼象，也有傲然阔步的老象。

象群过后是火箭舞。在一个巨型火箭的模型前，一百多个穿着鲜艳服装的青年男女婆娑曼舞，人们用这种舞蹈歌唱来象征火箭临空，天上降雨，五谷丰登。

紧接着火箭舞后，是“跑象拾物”表演。在跑道上每隔10米放一小物件，例如香蕉、洋娃娃、草帽乃至火柴盒，最后一件是一面红旗。众象在跑道起点各就各位，一声令下，个个向前奔跑，它们用灵巧的长鼻子，把自己遇到的第一个物件捡起来，放到跑道起点，再迅速转回身去，飞速前奔，将跑道上放置的物体，一一依次捡回跑道起点。最先捡回红旗的，便是优胜者。

节目中最惊险的要算“大象跨人”了，成排的人躺卧在草地上，大象从躺着的人身上跨越前进。一旦象脚踩到某个人的身上，后果将不堪设想。可这些体重达几千斤的大象，竟能悠闲自得地从每个人的身上跨过去，毫无差错，那场景简直叫人不可思议。

大象和人拔河比赛，也相当精彩，引人入胜。比赛开始，100名大汉呼叫着，齐心协力向后拉。他们的前肘几乎碰着地面，全身向后倾倒。数千斤重的大象感到有些吃力，木桶般的粗腿也不免有些弯曲。双方坚持不下，绳子静止不动，观众尽情地呼喊着，鼓励在苦战中的选手。但是大象实在太强壮了，渐渐地，绳子终于拉到了大象的一边……

大象足球比赛，是很逗人的游戏。象看起来笨重又迟钝，但是经过训练之后，却相当机敏灵活。比赛时，象在驯象人的指挥下，用脚和鼻子传球，截球动作灵活有趣。但有的象要是多次踢不着球，也会恼羞成怒，用象牙一下子把球刺破，这样，只好再换一个球比赛了……

奥运圣火

有一个美丽的古希腊神话故事，讲的是火神普罗米修斯违背众神之王宙斯的意志，盗天火送给冻饿交加的人间百姓。因此普罗米修斯受到宙斯的残酷折磨。为了感激火神给人类送来温暖，古希腊人便在风光旖旎的奥林匹亚为普罗米修斯塑了一座神像，供人们祭祀。

为了求得风调雨顺、五谷丰登，古希腊人每隔4年要到奥林匹斯山祭祀众神。祭祀前要举行短跑比赛，比赛中谁先跑到祭司前，接过火把，把火神普罗米修斯像前圣坛上的圣火点燃，谁就是优胜者。以后，祭祀前的短跑比赛，逐渐演变成4年一度的古代奥林匹克大会，而点燃圣火的活动也就延续下来，成为古代奥运会开幕式上的例行仪式。

古代奥运会，圣火被点燃之后，“神圣休战”也就开始了。不管是什么地方的战斗，圣火燃起便意味着战火必须熄灭，人们在圣火的光辉中忘记了仇恨和战争。因此，圣火象征着希望与和平。

现代奥运会的前几届，并没有将古代奥运会燃烧圣火的传统仪式继承下来。1912年，现代奥运会的发起人皮埃尔·德·顾拜旦首次提议，在奥运会期间点燃圣火。但由于第一次世界大战爆发而未付诸实施。1920年，第7届奥运会在比利时的安特卫普举行。为了纪念在第一次世界大战中牺牲的协约国将士，大会组委会讨论后决定在会场中点燃焰火，以象征和平的重现。这是人们对消灭战争的希望，火焰是圣洁的象征。

1928年，国际奥委会正式通过决议，决议规定，在奥运会开幕式上，点燃圣火台上的火炬，并且以火炬的点燃与熄灭，象征大会的开幕和闭幕。同年，第9届奥运会在荷兰的阿姆斯特丹召开。会前，人们按照传统，在希腊奥林匹斯山上用聚光镜采集太阳之光，点燃了圣火，并在大会开幕时把主会场的火炬点燃。

现在，奥运会举办前都有规模盛大的火炬接力仪式。举办国在确立了火炬接力的时间、路线、人数之后，派人到希腊奥林匹亚圣地，由身着民族服装的希腊少女庄严地用聚光镜把阳光聚集起来，点燃圣火盆，然后再引燃接力火炬。火炬接力跑就此开始。首先倡议安排这一仪式的是1936年柏林奥运会筹委会的西迪姆。他认为运动员用接力跑的方式来传递火炬，有利于广泛传播奥林匹克精神，扩大奥运会的影响。于是，用运动员接力传递奥运火炬，便相沿成习。

桂　冠

在古代奥林匹克运动会上，最隆重的是受奖仪式。由一名父母健在的7岁男童，用纯金小刀割下橄榄枝，精心编成葱茏的花环。这个花环称为“桂冠”，它是最高的奖赏。当大会主持者郑重地把花环戴在优胜者的头上时，运动场内发出震天动地的欢呼声。人们簇拥着优胜者，在几百匹饰有鲜花的大白马护卫下，举行盛大游行。路边围观的人们不断把鲜花撒向奥林匹克的英雄。后来“桂冠”成为优胜和荣誉的象征。

相传很久以前，普照大地的太阳神阿波罗，每日披着灿烂的金光，驾着金色的车子，从天空彩桥滚过。这时，花儿争着向太阳神张开笑脸，草儿个个向太阳神伸展双臂……一天，阿

波罗忽然发现一位美丽的姑娘站在草丛中。她全身晶莹透亮，一尘不染，发出夺目的异彩。阿波罗跳下车向姑娘跑去。可是姑娘脸色大惊，迅速逃开。原来，这位姑娘是露珠女神达芬。妈妈曾叮咛她："千万记住，一定要在太阳出来之前回家！"可是达芬回家后又有些后悔："太阳神是一位可爱的青年，并不可怕，我怎么没仔细看他呢？"

第二天，黎明到来时，达芬没有回家，她在草丛中迎接太阳神。太阳神高兴地说："原来你是露珠女神，每天都给青草和树木洒下珍珠，多么令人尊敬啊！"达芬羞涩地说："不！你把温暖和光明洒向人间，你多么伟大……"爱慕之情在他们心中燃烧起来。当阿波罗接近达芬时，阵阵热浪使她站立不住。她感到自己快融化了，连忙说："对不起，我要回家了！"转身迅速钻进密林去了。阿波罗很失望。

达芬自从见到阿波罗后，每日心神不定。妈妈劝慰说："你是不能爱他的。他是太阳，他发出的光和热会使我们露珠化掉！"达芬闷闷不乐，妈妈去找爱神小丘比特帮忙。小丘比特说："你放心，我会有办法的。"

太阳神每日都在寻找达芬，终于找到她居住的密林。当他们相见时，小丘比特赶到了。他拿出一支熄灭爱情火焰的铅箭，

"嗖"地射进达芬的心。达芬顿时周身变冷。她转身就跑。阿波罗一边追一边喊:"亲爱的女神,我是多么想念你呀!"可是达芬不理睬,拼命地飞奔,眼看被阿波罗追上了,她呼唤爸爸大河神:"爸爸!快救救我,快改变我的形状吧"正当阿波罗伸手拥抱达芬时,她的身体瞬间变成了一棵月桂树。阿波罗悲痛万分,折下一根枝条,绕在自己的头上,说:"女神啊!今后我的头发永远缠绕着你的枝叶,让获得荣誉的人头戴你的枝条编成的桂冠,让你的枝叶永享荣光。"他用枝叶编织另一个花环,套在树枝上,深情地说:"这是我的心,永远留在你的身旁!"

后来,"桂冠"就成为优胜和荣誉的专用语了。

奥运属于全世界

奥林匹克运动会原来只是希腊一国的大型体育盛会，古希腊曾举行的293届奥运会以及1859年至1889年间举行的5届“泛希腊”奥运会无一例外。奥运会是如何走向世界的呢？

1892年11月25日，“现代奥运会之父”——法国的顾拜旦在索崩发表了演说。演说中，顾拜旦第1次公开和正式地提出了创办现代奥林匹克运动会的倡议。顾拜旦首先涉及到了奥运会的归属问题。他说，怎样创办现代奥林匹克运动会？是完全照抄古希腊的做法呢？还是要发展、创新？现代奥运会在什么地方举行？只能在希腊吗？参加的人只能限于希腊人吗？一系列问题提出以后，顾拜旦以饱满的热情对问题做了回答：我们要创办或恢复的应该是这样的奥运会——它要像古代奥运会那样，以团结、和平、友谊为宗旨；它不应受国家、地区、民族和宗教的限制，它应该向一切国家、一切地区、一切民族开放。顾拜旦对将要创办的奥林匹克运动会的阐述，受到人们的一致赞同和拥护。在他的倡导下，现代奥运会从一开始便剔除了民族和国家的局限，走向世界，拥有了国际性的特点。

1894年6月16日，“恢复奥林匹克运动会代表大会”在巴黎索崩召开。会上，大家一致通过决议，决定第一届现代奥运会在希腊举行，第二届在法国的巴黎举行。可是，在1896年第一届奥运会举行期间，希腊人想推翻原有的关于第二届奥运会会址设在巴黎的决议。希腊一些知名人士宣称：奥运会是希腊民族文化的一部分，它只能在希腊举行；雅典应该成为奥运会的永久会址；奥运会如果在别国举行，则是对伟大而光辉灿烂的古希腊文明的公开掠夺。迫于国内的压力，第一届奥运会闭幕时，希腊国王亲自出面为雅典成为奥运会的固定地址游说。

希腊人的要求引起国际奥委会内部的争执。当时，顾拜旦已接替希腊的拜拉克斯担任国际奥委会主席。在这一原则问题上他绝不妥协。顾拜旦主张奥运会必须在不同国家举行，只有这样，才能使奥林匹克运动会具备国际性和富有生命力。他的

意见得到绝大多数国家的支持，因而第二届奥运会会址仍定在巴黎。

一波未平，一波又起。1906年，国际奥委会为庆祝现代奥运会创办10周年，特别在希腊的雅典举行了一次国际运动会。在这次运动会的庆祝会上，一些人旧话重提，又搬出了奥运会应该永远在雅典举行，奥运会应该由希腊独自举办的主张。经过激烈的争论，顾拜旦争得了大多数委员的支持。在他的主持下，国际奥委会通过了奥运会在各国轮流举办的决议。

至此，奥运会才成为全世界人民的奥运会。

奥林匹亚德

俯瞰当今世界体坛，各种大型的体育盛会数不胜数。各个体育项目的世界杯赛、锦标赛、大奖赛令人眼花缭乱。但是，仔细认识它们以后，便会发现一些共同点。比如，许多大型的体育盛会都是每4年举行一次。这大概是受了当今世界最大规模的体育比赛——奥运会的影响。然而有一点人们也许不会注意，那就是一些大型的运动会，诸如世界杯足球赛、世界杯女排赛、亚运会等，尽管也是每4年举行一次，但是每届举行的年代都无法被4除尽；而每一届奥林匹克运动会的举行年代都可以被4除尽。这是为什么呢？

在古希腊这个泛神论的国家，和祭神活动相联系的庆节很

多，其中具有全希腊、全民族意义的庆节有4个。后来，经过发展和演变，奥林匹亚的庆节大大超过了其他3个，而体育竞技作为奥林匹亚庆节中的一项内容，不断得到充实和发展成为一个大型的体育盛会，即奥林匹克运动会。

奥林匹克运动会有两层含意：其一是指运动会的发祥地在奥林匹亚；其二是指运动会的举办年是闰年，4年一循环。公元前776年，在奥林匹亚地方举行了第一次奥林匹克运动会。历史学家提迈俄斯提出用“奥林匹亚德”作为纪年。所以，以后称奥林匹克周期为“奥林匹亚德”。

“奥林匹亚德”的依据是古希腊的年代学。古希腊规定奥运会每逢闰年举行一次，因此从公元前776年到公元394年，古代奥运会总是每隔4年举办一次。但也有例外，第211届古代奥运会就曾因为罗马帝国的强迫而在“奥林匹亚德”的第三年，即公元67年举行。

第一届现代奥运会仍选在闰年，即1896年召开。所以，奥运会召开的年份总能被4整除。这就是“奥林匹亚德”的秘密。

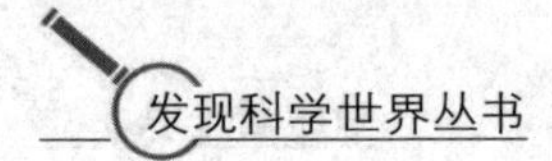

女子走进奥运会场

现代奥林匹克运动中，妇女参加各类竞赛项目的比赛已不是什么新鲜事，甚至还出现了只有妇女参加的比赛项目。但是在历史上，女子走入奥林匹克会场的脚步是非常缓慢的。

两千多年前的古代奥运会上，女子不用说参加比赛，甚至连观赛的资格都没有。古希腊的统治者将妇女同罪犯、奴隶划为同类，不准她们走入奥运会场。古希腊是一个泛神论的国家，运动会同对神的祭祀连在一起，甚至可以说最早的奥运会就是对宙斯以及众神的大型祭典活动。人们认为妇女进入会场，会亵渎神明。所以规定女子不准进入奥运会场，违者处死。只这一条就使妇女的脚步徘徊在奥林匹克大会门前近400年。

公元前396年，第96届奥运会召开。卡利帕特拉的一位妇

女，在得知自己的儿子将参加大会的拳击决赛时，抑制不住观看比赛的欲望，冒着被处死的危险女扮男装进入了会场。当看到自己的儿子战胜对手、获得拳击冠军的时候，她欣喜若狂，情不自禁地跑上前去，热烈拥抱和亲吻儿子。她的身份暴露了。

按照大会的规章，违犯禁令者要判处死刑。但是，她对奥运会的向往之情感动了人们。而且幸运的是她生活在一个体育世家，她的父亲曾经是第79届奥运会的拳击冠军，丈夫也是优秀拳击手，如今儿子头上又戴上了最高荣誉的象征橄榄冠。这一切让人们对她充满同情。因此，大会破例免其一死。就这样，女子第一次迈入了奥运会的门槛。

1896年，第一届现代奥运会召开，女子仍被拒于运动场大门之外。1900年的奥运会，有11名女运动员第一次出现在赛场上，突破了2000多年的禁锢，为女子参加奥运会创下了纪录。1908年，在英国伦敦举行了第四届现代奥运会。这届运动会第一次正式列入女子竞赛项目。但是对女子比赛的优胜者只颁发证书，不发给奖章。尽管如此，从这时起奥林匹克的大门终于为妇女完全走进奥运赛场而敞开了。

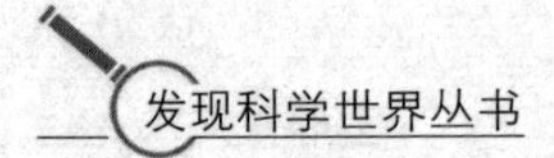

第一次女子运动会

古希腊时，有一位皇后名叫基波达弥亚。她虽然生活幸福美满，但对社会上种种歧视妇女的现象不满。一天，国王珀罗普斯去参加奥林匹克竞技会，因为不准女子参加，她只好留在宫中独自散步。忽然，她听到一阵嘈杂声，只见一群卫士拖着两个双手反绑的人走进宫来。她发现这两名罪犯竟是年轻美貌的希腊姑娘。皇后十分惊诧，经过仔细询问，得知她俩触犯了古希腊的法律。原来这两个姑娘在路过奥林匹克运动场时，被场内震天动地的欢呼声吸引，从场外高墙缝隙中窥望几眼，被卫士发现捉住。在古希腊，妇女偷看运动会是犯了渎神之罪，要被处以死刑。基波达弥亚只有眼睁睁地看着卫士处死了她们。在以后的几年中，这样的事情屡有发生，十多名无辜的希腊少女被从高山上推下去处死。基波达弥亚心中十分愤慨和不平，

她向国王提出要求改革传统的习俗，修改法律。但由于国王担心舆论的反对，没有答应。

基波达弥亚终于想出了一条妙计。她决定以合法的名义“纪念宙斯之妻赫拉女神”，专门为妇女创办一次竞技会。这样即可免遭渎神的罪名，又能为妇女们参加运动会创造机会。运动会起名“赫拉伊亚竞技会”，日期安排得十分巧妙，在她自己的结婚纪念日。

这件事传到长老们的耳朵里，他们不约而同来到王宫，向国王报告他的妻子在做不忠于神的事情。可是聪明的基波达弥亚却对国王说：“我们的奥运会是纪念宙斯神的大典，宙斯感谢你，宙斯之妻就要感谢珀罗普斯之妻啦。如果男人祭祀宙斯，他的妻子也该由女人祭祀才是呀！”国王和长老无言以对。就这样，世界上第一次女子运动会，就这样名正言顺地召开起来。

那一天，妇女们穿着各种鲜艳服装，从四面八方集合到运动场。她们欢呼雀跃，为召开这样的运动会骄傲自豪。基波达弥亚身穿绛紫色长裙，庄严地站在赫拉女神雕像旁，犹如美丽女神的化身。两个美丽的希腊少女抬着一个大铜盘走上场，盘里装着一只刚刚杀死的小母牛犊，供祭祀赫拉女神用。这次运动会的比赛项目只有一项“赛跑”。基波达弥亚将报名的女子按年龄分成三组进行。

一位身材健美的姑娘伊西斯获得第一名，基波达弥亚亲自给她戴上橄榄冠，并从祭祀用的小母牛身上割下一块肉，赏给了伊西斯，这说明，优胜者已经享有与赫拉女神同样被尊敬的地位。这次运动会受到希腊多数公民的称赞。从此，在希腊公民会议上决定，赫拉伊亚女子运动会每四年举行一次，凡希腊女子皆可参加，但男子不许参加。时间与奥运会交错举行。

后来，女子运动会也允许男子观看，女子就由裸体改为穿一种紧身上衣，右臂、右胸仍袒裸着，还是赤足。奖品也由桂冠之外增加一件衬衣。

但是，直到近代，妇女仍不能参加奥运会，1896年的第一届现代奥运会全是男子参加，妇女被排斥在奥运会门外。妇女们为参加奥运会进行了多次努力。一个英国姑娘在一次欧洲花样滑冰比赛会上，不顾大会只设有男子项目的规定，勇敢地闯进运动场内，大显身手，结果名列第二。这件事轰动了世界体坛。此后，妇女们在德国成立了国际女子体育运动联合会，呼吁参加奥运会。1900年，妇女终于取得参加奥运会的资格，开始登上奥林匹克运动会的领奖台。

奥林匹克旗上的五个环

1914年，为了纪念现代奥林匹克运动会诞生20周年，国际奥委会在巴黎召开了代表大会。这次会议上，第一次升起了奥林匹克旗帜。这面旗是根据顾拜旦的设想和构思于1913年设计制作的。旗帜是一面中央有5个联套环的白色无边旗，5个环的颜色从左至右分别为蓝、黄、黑、绿、红。

1920年，比利时奥委会赠送给国际奥委会一幅绣有5个圆环的绸缎旗，并且在安特卫普举行的第7届奥运会开幕式上升了起来。从此以后，每届奥运会的开幕式都要升起奥林匹克旗帜，但所使用的并不是这面旗帜，而是它的复制品。从安特卫普奥运会开始，每届奥运会的开幕式都要举行专门的交接仪式，即上一届奥运会举办城市的代表，在向国际奥委会主席赠送纪念物时，也要把保存了4年的奥林匹克旗帜转交给本届奥运会主办城市的市长。奥运会结束以后，旗帜在市政府保存，然后在下届奥运会开幕式上以同样的方式交接。

对奥运会五个圆环的解释，曾经有一种比较流行的说法，即每一个圆环代表一个大洲，其中蓝色代表欧洲，黄色代表亚洲，黑色代表非洲，绿色代表澳洲，红色代表美洲。实际上，这是对奥林匹克旗帜的讹传。因此，1979年6月国际奥委会出版的《奥林匹克杂志》（第140期）特别指出：每个圆环代表一个大洲的说法是错误的，根据奥林匹克宪章，五环象征着五大洲的团结以及全世界的运动员以公正、坦率的比赛和友好的精神在奥运会上相见。

传递奥运圣火

每一届奥运会的“圣火”传递方式都差不多，即在雅典的奥林匹亚取来“圣火”，火种把火炬点燃，以后由成千上万的人组成火炬接力队，把火炬传递到奥运会场。在途中，每个人都要跑足1公里；所经过的国家要举行盛大的迎送仪式。

但是，1976年蒙特利尔运动会的火炬传递却别出心裁。首先，按照传统，在奥林匹亚宙斯神坛用聚光镜收集太阳光，将圣火盆点燃。接着，火炬在圣火盆中引燃，用接力跑的方式传递到雅典。之后，“圣火”不再用运动员传接，而是用一座电子感受器将火焰的离子变成电子脉冲，发射给太空的卫星，卫星再把信号转发给加拿大渥太华国会山上的激光接收装置，由它把信号转换成热射线，点燃一支一公斤重的火炬。然后仍采用传统的接力跑方式，由500名运动员把火炬传递到蒙特利尔的皇家山。第二天，即7月17日，第21届奥林匹克运动会在英国伊丽莎白女王的主持下开幕。当各国健儿伴随着欢快的乐曲入场后，两名少年男女手持火炬在观众的欢呼声中把奥运会的火炬台点燃。

最新科学技术的应用，使原来要花几周时间长途跋涉传递“圣火”的活动，缩短为两天时间。

但是，围绕卫星传递“圣火”一事，人们展开了激烈的争论。奥运会之后，在国际奥委会常委会上，争论仍在继续。大多数委员认为，用接力的方式传递火炬，目的在于传播奥林匹克精神，使和平与友谊的种子在更多的国家扎根、生长、开花、结果，电子和激光技术的采用，使这一活动失去其本来的意义，从而变得平淡无奇、索然无味。最后，常委会通过决议，规定今后仍然用传统方式传递“圣火”，使“圣火”所象征的精神永不熄灭。

从此以后，历届奥运会的火炬传递都采用接力跑的方式。用卫星传递“圣火”在蒙特利尔奥运会上是第一次，也是最后一次。

高尔夫球

碧草如茵、景色宜人的球场上，运动员稳稳地站立在一只白色小球旁。突然，他奋力挥动手中的球杆，把小球击向远处，小球不偏不斜地落在一个小洞里……这就是被人们称为“贵族运动”的高尔夫球。然而高尔夫球可不是出身于贵族阶层，而是来自平民。

14世纪初，在哥伦布远航之前，荷兰尼德兰王国的商人和水手已经跻身冒险家的行列，开始了征服海外市场的进军。他们借助优良的船舰，从当时欧洲最大的商港鹿特丹，来到了苏格兰。不料一批海员遇到了麻烦。他们赶上了北海漫长的冰封期，被困在异国他乡。枯燥无味的生活折磨着船员们，于是他们想出各种办法打发无聊的时光。一个冬日的午后，船员们踱出自己居住的村子。船上的牧师提议要到远处的城堡逛一圈，并且向船员们挑战说：咱们可以比一比，看谁第一个用棍子把脚下的鹅卵石“赶”到城堡里的教堂前。这项提议得到大家的一致赞同。每人顺手拾起一根棍子，击打脚下的鹅卵石。就这样，半天的时间在“赶”打鹅卵石中悄然而过。这是世界上第一场高尔夫球比赛。

船员们的游戏很快在当地流行起来，到15世纪已盛行苏格兰全国。由于流行的高尔夫球最后竟占用了射箭场，因此1457年，苏格兰国王詹姆斯二世，不得不下令禁止这项运动，强制臣民们参加有利于御敌强国的射箭活动。可是，原始的高尔夫球游戏，仍然在民间流行，历久不衰。1491年，詹姆斯四世只得再度下令禁止。然而，禁令收效甚微，高尔夫球还是成为16世纪苏格兰人最流行的消遣活动。屡禁不止的高尔夫球运动，慢慢浸染上层社会，并最后进入宫廷，在这里开始贵族化。宫廷的球场选择在高低起伏、错落有致、景色秀丽的草地上。打球的达官显贵、皇亲国戚伴有专人侍候。渐渐地，宫廷高尔夫球由一个变种转而成为正宗，高尔夫球完全贵族化，失去了原有的“平民本色”。

由荷兰人提供，在不列颠群岛上孕育成熟的高尔夫球，很快被留学英国的法兰西贵族的子弟带回故乡。不久，高尔夫球在世界其他国家落户。今天，世界各国到处可见高尔夫球场。不过，它的贵族身份并没有从根本上动摇。高尔夫，这个由平民创造的“贵族”，还站在芳草萋萋、鸟鸣莺啼的远方球场上，令大多数人可望而不可即。

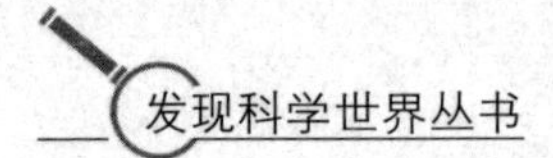

保龄球

公元4世纪时，欧洲一些国家有一种宗教仪式活动。人们在教堂的门厅或走廊竖起一个小柱子，以此代表邪恶，然后拿来一只木球代表正义，教徒们以球击柱，取正义战胜邪恶之意，希望以此求得幸运。这就是古代欧洲的“撞柱”活动。慢慢地“撞柱”蜕掉其浓厚的宗教色彩，演变成一种大众游戏，受到人们的普遍欢迎。13世纪时，英国人把这种活动由室内搬到草坪上，使它见了天日，引起人们更大的兴趣。那时候“撞柱”的目标，就是“柱子”，只有一个木棒或一个圆锥体，14世纪时，随着这项活动的蓬勃发展，目标由1个增加到9个，成为一种时髦的“九柱球戏”。当时，英国的国王爱德华三世，唯恐此项活

动愈演愈烈而阻碍箭术的发展，因而签发了禁令。此后很长一段时间英国的“九柱球戏”转入地下，以赌博的形式盛行于私人酒吧间。

16世纪，一些荷兰的移民将“九柱球戏”介绍到美国，由于这种游戏引人入胜，具有娱乐性、趣味性、对抗性的特点，很快便受到美国人的喜爱，把它从草坪重新“请”回到户内，变成一种室内运动项目，19世纪，这种“九柱球戏”又因涉嫌赌博而被取缔。后来，有些人精心设计，把原来的9柱目标增加1柱，变为10柱，又把原来的钻石型排列改成三角形排列，使“九柱球戏”改头换面，巧妙地躲避了禁令的限制，延存了下来。这就是当今盛行一时的保龄球运动的最初发展。

保龄球是英文Bowling的中文音译，也被称为“地滚球”，是一种简单易学、间接对抗的运动项目。19世纪中叶以后，保龄球运动发展迅速，并跻身于大雅之堂，随后在世界各地广泛流行开来。1951年，“国际保龄球联合会”成立，1954年在赫尔辛基举行了第一次正式的国际比赛。保龄球，这种创造于教堂的运动，就此揭开了新的篇章。

日本相扑

相扑是一项具有鲜明日本民族特色的体育活动。它的历史可以追溯到两千多年以前。早期的相扑比赛，是两个人的生死较量。胜者幸免一死，败者丧失生命。在代代相传的过程中，这项运动的残酷性逐渐减弱，演变成宫廷的一种欣赏节目。公元8世纪时，相扑曾被当作军事训练的课程。江户时期，它成为日本一种颇为普遍的娱乐活动，当时不仅有男性对男性的相扑，还有女性对女性的相扑。18世纪末，相扑运动迎来了它的黄金时代。今天这项运动被日本人作为真正的武术尊为国技，乐此不疲的人们对这一独特的运动越来越着迷。

相扑和一般的摔跤、拳击、柔道等运动不同。相扑比赛在

30～50厘米高、545厘米见方的土台上进行。土台中间有一个圆形场地，直径为455厘米。比赛开始前，相扑手要先举行一系列的礼拜：用放置在台侧水桶中的水漱漱口，这意味着涤清肉体和心灵，增加力量；用“力纸”揩拭身上的污垢，表示去除心灵的污秽；举起双手，表示没有携带武器。接着，双方同时抓把盐洒向空中，祈求神祇保佑。这些仪式过后，比赛才能开始。

相扑运动不仅要求选手有力量，还要求具有智慧、计谋、技术和技巧。当裁判员击打香尺，号令相扑选手上台比赛后，两人便可以使出自己的推、摔、捉、拉、闪、按、绊等技术，设法击败对方，但不允许抓头发、撕双耳、扼咽喉、用拳头打人。不允许伤害对方的眼睛等要害部位。比赛中有一条“先触地者输”的规则，即除了脚以外，身体的任何一个部位触地都算输。但例外的是当一名选手把对方提离地面直到场地边缘时，他有权踏出界外；另外当两人同时摔倒时，在上面的相扑手为了保护另外一人，可以用手触地，以支撑自身重量。如果一名相扑手强迫或诱使对手踏出界外则算赢。

树上运动

当你来到法国阿尔代什省的昂诺内森林悠闲散步，体会大自然的宁静时，你会意外地发现：有些年轻人在距地面20～30米的树干、树枝之间，悄然地跳来荡去，或者在枝繁叶茂的树梢上行走，玩着惊险奇特的“杂技”。这便是法国刚刚兴起的一种回归大自然的体育运动——树上运动。从前，多米尼克、马克、罗杰和让·诺埃尔同阿尔代什省的其他修剪树枝的工人一样，穿梭于树丛之间，默默无闻地工作着。可如今树上运动的出现使他们名声远播，风光八面。

多米尼克等4人创造出树上运动，完全是偶然中的必然。他们靠修剪树木谋生，整日在树林中工作。满目的树枝、树干，

充耳的树叶沙沙声和树枝的碰撞声，使他们早已感到这个活计的单调和寂寞。为了在工作休息时间娱乐一下，他们开始以树林作为体育场地，把爬树作为运动项目。结果，他们从中体会到了一种乐趣。继而，他们又不断创新：在树干、树枝间飞越，在空中吊床上小憩，甚至干脆爬到树顶端在树梢上“散步”。

经过一段时间的实践，树上运动不断完善并多样化。多米尼克等人在树梢上宛如乘着阿拉伯神话中的飞毯疾奔，又如在公园草坪上散步，惬意而轻松。不久，这项运动不胫而走，受到人们的广泛喜爱。当人站在30多米高的树梢上，头顶蓝天白云，脚踩软绵绵、颤悠悠的绿毯时，那份轻盈、失重的感觉是平时所体会不到的。极目远望，森林如同一片绿色海洋。人们可以充分体会大自然的宁静，也可以破译林间无数神秘的细语；可以享受树木浓浓的绿，也可以品味嫩叶醇醇的香；可以聆听风的浑厚低吟，也可以欣赏鸟的清丽欢唱。此时此刻，大自然与人融为一体，人们在大自然的抚慰中解脱，忘掉了心中的一切烦恼和忧伤。

目前，树上运动在法国已蓬勃兴起，昂诺内地区还成立了树上运动协会，为参加这项运动的人提供各种服务，越来越多的人怀着对回归自然的向往，走向森林，涌进绿的海洋。

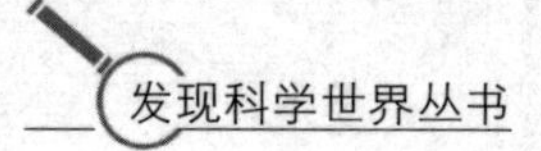

滑　　草

目前，一项新的体育运动正在欧美国家普及开来，并引起越来越多的年轻人的兴趣。这项运动就是滑雪的姊妹项目——“滑草”。

每当春天来临，白雪消融，滑雪迷们便一筹莫展了。“心爱的运动只有等到来年的冬季才能再进行”。无雪的季节对于滑雪爱好者来说太长了，简直是一种难挨的折磨！

1964年，当时的联邦德国的一些年轻的滑雪运动员，决定在草地上练习滑雪技术。他们找了一块有斜坡的草地，穿上滑雪板开始“滑雪”训练。但是，结果并不令人满意。由于草地比雪地的摩擦力大得多，滑雪板的滑动速度不理想。另外，滑雪板不时地和草地上的小土包相撞，使得木板很快就裂残。年轻人并未被失败所吓倒，他们探索着设计一种适应草地滑行的特殊“滑板”。后来，他们从履带的原理中得到了启发，制造了一种履带式“草雪橇”。这种草雪橇的底部是一条类似履带式拖拉机的塑料链带，它围绕着一个硬金属棒在滚珠轴承上滚动。靴子固定在履带上面的金属板上。所用的滑草杆也和滑雪杆略有不同，它的底端是橡胶而不是金属。如此一装备，一项新的运动诞生了。

滑草既不像滑雪那样滑板在雪上完全滑动，也不像轮滑那样纯粹靠轮子的转动，而是既有依靠草皮的滑力的滑动，又有坦克履带式的滚动。由于草地较硬，又远不及雪地所具有的滑力，再加上草雪橇比较沉重，滑行时双脚负担较大，所以，滑草的难度更大，既不易掌握平衡，也不易做旋转、横滑等动作。

继德国之后，法国在1969年也开展了滑草运动。相随而行的还有奥地利、瑞士、意大利、比利时等国。现在，喜欢这项运动的人越来越多。因为它一年四季都可进行，而且可以享受到类似滑雪的趣味。有的国家已成立起滑草运动的专门组织，还定期举办比赛。

狗拉雪橇世界大赛

阿拉斯加，这个偏居世界一隅的美国最不起眼儿的州，过去一直是人们认识的盲点。除了这里漫长的冬季这个气候特点外，其他的便鲜为人知了。不过，近年来在这里举行的一年一度的狗拉雪橇大赛，却使它的名声远播。阿拉斯加狗橇大赛使这块几乎长年冰雪覆盖的土地令世人刮目相看。

在一般人心目中，狗拉雪橇大赛根本登不上“大雅之堂”。它既没有足球那样的皇族身份，也没有健美运动的轻松浪漫，甚至连跻身于冬季奥运会的机会都没有。然而，对于终年生活在冰天雪地里的阿拉斯加人来说，狗拉雪橇却是一项“美妙和艰难都难以形容”的“真正的运动”，它充分反映了阿拉斯加人

粗犷、勇敢和团结的个性特点。

1925年1月末的一天，阿拉斯加一个绝望的求救者，来到安克雷奇。他带来的消息使大家吃惊：在阿拉斯加另一端的诺姆正在流行白喉病，为了拯救垂危的病人，必须尽快送去血清。“十万火急！”许多雪橇手驾驶着狗拉雪橇奔向茫茫雪野。他们夜以继日地接力式奔驰，最后终于在2月2日清晨，把血清送到诺姆。这次雪橇接力跑的全程为1080公里，共用127小时。

1972年以后，每年3月份的第1个星期六，各国的雪橇手们便云集阿拉斯加狗拉雪橇大赛的起点，重新回顾狗橇送血清的艰苦历程。两个星期内，赛手们将和他们的爱斯基摩狗、阿拉斯加狗或者格陵兰狗，越过峻峭、荒无人烟的山岭，穿过茫茫的森林原野，横跨大浮冰群，直驱诺姆。-40℃的低温，时速达100英里的狂风，不仅对参赛的选手，就是对那些耐寒的狗来说，都是一个严峻的考验。

一声枪响，狗群扑向茫茫雪野。远方，只有晶莹的雪花为伴。带着脚套的狗群奔跑着，雪橇发出单调低沉的呼啸声。雪橇的后面，赛手的一只脚在冰雪上有节奏地滑动着。前面，路途更险。赛手和群狗都已极度疲倦，昼夜不停地行进已耗尽了他们的体力，他们必须拼命支撑。为了争取尽快到达终点，一般的选手和他的赛狗们在中途只能作短暂的休息。饥寒困乏难耐。

寂静的原野上，白茫茫的雪海中出现了一个小小的黑点。

经过最后300多公里的冲刺，勇敢者看到了胜利的曙光。他低下头，向他的忠心耿耿的狗群致意。

阿拉斯加，一年一度的世界狗拉雪橇大赛成为当地人漫长又黑暗的冬季里最光辉灿烂的节日。

雨伞与“空中杂技”

碧空之上，银鹰展翅，一朵朵绚丽的伞花与白云共舞。运动员们在短时间内做出的各种精巧、迅捷的动作，令人叹为观止，心醉神迷。这就是扣人心弦的跳伞运动。

跳伞运动是如何产生的呢？人们在很早以前就注意到，利用空气的阻力，可以减缓物体在空中的坠落速度。1617年，意大利学者魏兰奇奥，曾在他的著作中说过，把一块方形的大帆布的四个角系上4根绳子，一个人用双手拉住绳子，便可以从高处跳下。多少年过去了，但没有人去验证魏兰奇奥的假设。

1628年，意大利一名叫拉文的罪犯被关进监狱。拉文不堪忍受狱中的折磨，暗中伺机越狱。可是，狱中的围墙有几丈高，不能从墙上直接跳下去；况且狱中还有许多警察严密看守。因此拉文的越狱计划未能实现。有一次，探监的亲友给拉文送来一把雨伞。看着它，拉文茅塞顿开。他偷偷地找来一些细绳，把绳子的一端系在伞骨上，另一端集拢到一起，拴在雨伞的手柄上。一顶“降落伞”被他秘密地制造出来了。一个月黑风高的深夜，拉文避开监狱看守，撬开监牢的窗户，携带着自己的雨伞爬到高高的狱墙之上。他轻轻地启开雨伞，握住伞把上的绳头，纵身跳了下去。“成功了！”拉文身上没有受到任何损伤，安然无恙逃遁而去。

但是，他很快又被抓了回来。在供词中拉文交代了他的越狱经过。其中，雨伞的问题引起人们的极大兴趣。因此拉文被载入航空史册。

18世纪，欧洲的航空事业飞快发展，为真正的降落伞的诞生提供了良好的基础。1738年，英国人雷诺蒙德制作了一把大伞。他把伞骨的一端用绳子连在伞柄上，以此防止空气阻力对伞的破坏。然后，他利用这把伞从一个高塔上跳下来，安然着地。这把伞被热衷于航空的人们称为“救命伞”，它从而成为航空工具。受前人的启迪，法国的白朗沙尔再一次对跳伞的可能性进行试验。1785年，他把狗和一些重物运上天空，然后给它

们乘降落伞着陆，大获成功。1797年，有一名勇敢的飞行员背着自己设计的降落伞，乘着热气球飞向700米高空，然后张伞跳下，顺利完成了跳伞试验。从此以后，跳伞活动受到人们的喜爱，成为一种时髦，常有人在气球上表演这个节目。

自动开启降落伞发明和使用以后，跳伞运动员如虎添翼，高空中令人眼花缭乱的各种空中杂技动作当然也就说奇不奇了。

小学生创造背越式跳高

1968年10月，在墨西哥城举行的第19届奥运会上，跳高比赛正在进行。轮到美国选手福斯贝里试跳了。只见他横杆前助跑几步，划了一个弧线，突然腾空而起，“面朝青天背朝地”飞越横杆。2.24米！一个新的奥运会纪录诞生了。

尽管福斯贝里的成绩和当时的世界纪录还有4厘米的差距，但是，他却打破了上届奥运会苏联选手布鲁梅尔创造的2.18米的奥运会纪录，夺取了跳高比赛的金牌。名不见经传的福斯贝里勇夺跳高桂冠，引起观众们的极大兴趣。而福斯贝里所采用的奇特的过杆姿势，更令各国运动员耳目一新。在此之前，跳高技术有“蹲踞式”“跨越式”“剪式”，20世纪初又有人采用“滚式”越过

2米的高度。20世纪30年代有人又创造了“俯卧式”，而福斯贝里采用的姿势却是大家闻所未闻。新技术一出，各国教练首先评头论足。大多数人认为，此招简单易学，身体离横杆的重心低，大有发展的潜力。因此，各国跳高选手纷纷效仿。当时，人们称这种“面朝青天背朝地”式的跳高为“福斯贝里式”。以后才根据它的动作形象，改称为“背越式”。

说起来风靡世界田坛的“背越式”出现，还带有很大的偶然性和喜剧色彩。在一节小学体育课上，老师组织11岁的福斯贝里和他的同学们学习跳高。福斯贝里的思想开了小差。突然，他被老师点名叫到横杆前试跳。福斯贝里面对老师，背对横杆，一副窘态。老师所教的过杆技术，他全忘了。但他急中生智，顺势就地腾身而起，身体划了一条弧线，奇迹般地跃过了横杆。福斯贝里四脚朝天倒在沙坑里，引起全班同学的哄堂大笑。“背越式”跳高就这样偶然被一个小学生创造出来了。独具慧眼的体育老师并没有责备福斯贝里，反而为他丈量了高度。从此，在这位老师的悉心指导下，福斯贝里的技术日臻完善，到16岁时，他已能轻松地跃过1.60米。以后，当上小学体育教师的福斯贝里对自己的跳高技术精雕细琢，终于在奥运会上大显身手，并把它奉献给国际田坛。

“爬竿跳”与撑竿跳

很难说撑竿跳高起源于哪一个国家，因为它和人们的日常生活实践联系得太紧密了。在保加利亚，人们把撑竿跳叫做“阿夫契子”，意思是“牧童式跳高”。原来，山上放羊的牧童在休息的时候，经常用驱赶羊群的长竿撑地，在沟边蹦来跳去。“阿夫契子”即由此而来。在中世纪的英国，撑竿跳也是男女老少在民间节日十分喜爱的体育娱乐活动。至于在日常生活中，人们借助长竿跳过障碍，在哪个国家都不鲜见。

19世纪，撑竿跳高被列为一项专门的体育运动。1896年的第一届现代奥运会也把撑竿跳列入比赛项目。但是，对撑竿跳的规则，人们在很长的一个时期内没有做细致的说明。在一般

人的意识里，撑竿跳高就是人借助于手中长竿的力量，越过横竿。正因为如此，才发生了日本运动员钻空子的趣事。

1904年第3届奥运会上，撑竿跳高正在进行比赛。轮到日本选手富达依试跳。富达依认为自己掌握了一种新颖的撑竿跳高技术，成竹在胸，很有把握。只见富达依走近沙坑，把手中的竿垂直竖在横竿之下，然后，把它深深插入沙内。接着，他用双手抓住长竿，攀缘而上，一股劲地往上爬，直到超过横竿，才越过跳下。

富达依的这种“新技术”表演使场上的裁判和看台上的观众莫名其妙，大家彼此面面相觑，不知所措。评判委员会紧急讨论的结果是：富达依的试跳成绩不能承认。同时还申明，凡撑竿跳高，必须先有一段距离的助跑。然而，富有创造性的富达依并没有被新规定所难倒。在重新开始试跳时，他退出一段距离后开始慢吞吞地助跑，跑到沙坑前，他故技重演，又沿着长竿往上爬越。裁判依然判他犯规，但这次却遭到日本领队的强烈抗议，他认为撑竿跳的比赛规则中并没有说明不允许像富达依这样跳法。

实际上，富达依所采用的所谓“新技术”，并不是什么发明创造，只不过是钻了规则不详的空子。后来，撑竿跳高的规则中明确规定：比赛时，运动员必须持竿直线助跑、单脚起跳，并且双手不得在竿上移动。如此一来，再也没有哪个运动员可以利用规则的缺陷而投机取巧了。

巧克力间谍战

美丽富饶的墨西哥是“巧克力”食品的故乡，每当贵宾临门，好客的主人都以美味佳品巧克力款待客人。1519年，西班牙骑士列戈，周游列国来到巧克力故乡。纯朴、好客的墨西哥人用当地名产巧克力食品盛情款待了他，列戈品尝过巧克力赞不绝口，并向主人提出参观生产这美味食品的生产过程。好客的主人破例答应了他的要求。原来“贵宾”列戈并非骑士，而是一名西班牙工业间谍，他刺探到巧克力食品的生产工艺和配方后，偷偷溜回西班牙。从此巧克力在西班牙落了户。西班牙人还在这种食品中加进甘蔗汁和调味香料，使之味道更美。几年后，巧克力便风行于西班牙上流社会，成为社交场合一种必不可少的美味食品。为西班牙厂商大发其财。西欧各国厂商看到西班牙人大发横财，急起效尤。1736年，英国工业间谍偷到生产配方，大胆加以改进，又生产出味道醇美的“奶油巧克力”，使英国一跃成为“巧克力大亨”。随后，瑞士工业间谍又窃取了英国生产奶油巧克力的配方工艺，制成了糖块等多种系列产品，投放市场，终于一跃而成为“世界巧克力王国”。

瑞士每年出口巧克力食品28万吨，为世界巧克力食品出口量最大的国家。它的配方工艺也引起了西欧各国工业间谍的注意。1982年夏，两名瑞士巧克力食品厂职员，在咖啡馆向苏联间谍出卖“巧克力”食品配方工艺，被警方当场抓获。其配方卖价高达2000万美元。尽管瑞士法律明文规定，凡出卖经济情报，要以叛国罪论处。但窃取活动并未停止，西欧黑社会组织也对巧克力配方工艺进行频繁的偷窃。日本等亚洲国家工业间谍也加入了这个偷窃行列。直至今天，偷窃配方的间谍之战仍在进行。

冰糖的来历

早在远古时代，我们的祖先已学会在大米、玉米、大麦及薯类发芽时，把其中的淀粉加水分解而得到糖。冰糖作为糖的一种形式，起源于中国。据说它的发明还有一段故事。

那还是清代中期，我国糖的生产达到了一定的水平，尤其在内江一带制糖业十分发达，大街小巷糖坊比比皆是。有一家规模不大的糖坊，买卖做得很兴隆，雇佣5名伙计维持生意，一名丫鬟操持家务。丫鬟名叫福霜，刚满18岁，长得眉清目秀，聪明伶俐，干起活来干净利落，把家务操持得井井有条。姑娘虽好，但有一个毛病，嘴馋一点。她常趁主人和伙计们休息的时候，溜进糖坊偷糖吃。

一天中午，她趁无人发现，拿了一只盛猪油的瓦罐，偷了半瓶白糖。她回到厨房，用手抓着吃。她吃糖吃多了，觉得没啥意思，忽然灵机一动："把白糖熬一下再吃，味道肯定会更好。"于是，她别出心裁地熬起糖来，还未等她熬好，突然听见老板在喊她。慌乱中，她把瓦罐塞进灶旁的糠壳堆里。两天后，她突然想起那个瓦罐，急忙去厨房扒出来。一看，白糖早没影了，罐里糖结了一层厚厚的晶体。她刮下一点尝尝，清新、润甜，比白糖好吃多了。她高兴极了，此后，每隔几日，她就照样制作一次，每次都很成功。时间长了，老板发觉了此事。福霜不得不从实讲来。老板听后大喜，不仅没有责骂她，反而对她越来越好，并专门开了间作坊，请福霜传授这种糖的制作方法。后来，这家老板因此发了大财。因为这种糖晶莹、透明，如同冰块，故称"冰糖"。

咖　啡

咖啡是现代生活中不可缺少的一种饮料，尤其是西方。所以一提起咖啡，几乎是老少皆知。然而谁能想到咖啡成为一种饮料，并不是科学家的功劳，而是牧羊人和修道院院长的偶然发现。

1000多年前，阿拉伯的哲学家、医生阿维琴纳最早记录了咖啡。他把它称之为“邦克”。在以后的几百年中，咖啡一直作为药物使用。16世纪的一天，阿拉伯有位牧羊人在小山前放羊，突然发现羊群不像往常那样低头吃草，有的蹦跳，有的到处乱跑……这使他十分惊奇，他以为有狼惊扰羊群，可搜遍山坳，什么也没有发现。“难道是魔鬼作祟？”他越想越害怕，急忙下山向修道院院长报告。修道院院长立即随他一起上山，亲自探查羊群。院长发现羊群吃了一种灌木上结的豆子，以前从未见过这种树。院长由此断言，是这豆子的作用……于是，院长拾起一些豆子带回修道院，放在水里浸了几小时。他想，修道院晚祷时，有些修道士往往昏昏欲睡，不妨在他们身上试一试。晚餐时，他把这些豆子水给修道士喝，发现他们晚祷时，再也不打瞌睡了……这豆子便是咖啡。

不久，人们又发现把咖啡放在水里之前，先在锅里炒一下，效果更佳，而且用热水浸比用冷水浸效果更好……一传十，十传百。从此以后，咖啡作为一种味香可口、使人保持清醒的饮料，传到了世界各地。欧洲每个国家都出现了咖啡馆，它成了人们聚会的地方。现在，咖啡已成为许多家庭的普通饮料。

刷牙开始于印度

现代生活中，几乎每个人都离不开牙刷。牙刷成为保护牙齿的良好用具。然而你知道牙刷是哪国发明的吗？最早的牙刷是什么样的吗？

传说，公元前6世纪，佛教始祖释迦牟尼向其弟子传道时，发现他们开口总是有口臭，于是给他们另上一堂卫生课：“汝等用树枝擦牙，可除口臭，增加味觉，可得五利也！”以树枝擦牙，应算是世界上最早的牙刷。至今，印度百姓早上仍喜欢用菩提树枝刷牙！《外台秘要》载，我国汉朝时，人们“每朝用杨柳树咬头软，点取药楷，香而洁。”到了后周末年，出现了用马尾制成的植毛牙刷。1954年，考古学家在清理1000多年前的辽驸马卫国王墓葬时，发现了两把牙刷的右柄实物，头部有两排共8个植毛孔，与现代牙刷极为相似。可惜此牙刷未能在全国普及。现代牙刷的普及是从欧洲开始的，大约1770年，英国一个犯人威廉·阿迪斯，一日清晨洗脸后，和其他犯人一样用一小块布擦牙。擦来擦去，他牙缝中的食物还是没有除掉。这时，他感到此法欠妥。次日，他想出了一个新主意：吃肉时留下一块骨头，然后在上面钻了几个小孔，又向看守要了几根硬的猪鬃，把它们切断编成小簇，一头涂上胶，嵌入骨头上的小孔中，制造出好用的牙刷。从而这种牙刷从监狱中传出，人们纷纷试制、试用。于是开始不同范围的推广开来。1840年，类似这种牙刷在法国正式投产。

最早的口香糖

口香糖是一种供人们放入口中咀嚼的糖。它源于美国。1836年，墨西哥的一位将军安东尼奥·罗佩斯·德·桑塔·安纳，在贾森托战役中被俘，后被释放回国。不久，将军带着一种晒干了的人心果树树胶，奔赴美国纽约，想和冒险家一起研究以此代替橡胶。人心果树生长在墨西哥丛林，墨西哥的印第安人有一个习惯：把这种树的树胶放在口里咀嚼。他带着树胶见到美国泽西市的一位冒险家——托马斯·亚当斯。他俩多次试验遭到失败，树胶代替橡胶的想法化成泡影。这位将军因欠债累累而逃之夭夭。不过亚当斯却因祸得福。

亚当斯初见将军时，发现他边说话，边从口袋掏出小块树胶，放进嘴里咀嚼，感到奇怪。亚当斯的儿子对这东西很喜欢，在将军那弄到一块也放到嘴里咀嚼……将军逃跑后，有一天亚当斯在一家药店看到店主卖给小女孩一块石蜡。当时，石蜡是人们用来嚼咬的。于是，他回想起那位将军的树胶和他儿子的兴趣。他和店老板商定，由他把将军带来的树胶加工成圆球状的嚼咬物，在药店出售，结果销路很好。

为此，亚当斯买进一大批树胶，租了房子，开始了这种嚼咬物的大批量生产。这就是最早的口香糖。从此，口香糖在美国迅速发展起来。第二次世界大战后，人们开始试验口香糖合成剂和合成树脂，并取得成功。从此，口香糖走向世界。

海带与味精

1908年，明治41年的日本，已经改变了封建时期的落后面貌。全国掀起了发展生产力、发展教育和引进西方先进技术的新高潮。这时的东京大学涌现出许多著名的科学家。

一天夜晚，东京大学的一个实验室里，灯光如昼。池田菊苗教授和他的助手忙着做实验……墙上的挂钟敲了九下。教授好像突然被钟声惊醒了似的，看了看钟，对助手说："好快，9点钟了……肚子真有点饿了，我们走吧！"

池田教授是位中年化学家，经常在实验室工作到很晚才回家。回到家里就急忙用餐。池田夫人端上一碗汤，池田高兴地说：

“哟，好丰富的晚餐呀！”

池田喝了一口汤，连声称赞道：“好鲜的汤！池田用手中的汤勺不停地搅动碗里的汤。他注视碗中的汤料，不过是些细细的海带丝和几片薄薄的黄瓜片，汤和菜在碗中翻来滚去……

池田夫人看到丈夫认真地端详着碗中的每片菜叶，默不作声，顺口问道：“怎么啦？”

“没什么，您是用什么东西做的汤呀？”夫人连忙回答：“海带丝和黄瓜片，没别的东西！”

“为什么这么鲜？”池田自言自语……突然，他猛地站起来，走进厨房，把妻子做汤剩下的海带，用一张旧报纸一裹，抓起衣服说了声：“我去实验室，有要紧的事！”

池田匆匆走出家门，妻子疑惑地望着丈夫越走越远的身影。

半年过去了。池田夫人终于明白了。池田通过无数次实验，从海带中提取出可以增加鲜味的物质——谷氨酸钠，获得了“味精”的专利权。今天，“味精”已成为日常生活中不可缺少的调味品。

谷氨酸钠为什么具有这种异常的调味功能呢？这要从食物的主要成分谈起。食物主要由蛋白质、碳水化合物、脂肪、矿物质和水组成，但产生滋味的大都是食物中所含的少量物质。

这些物质通过咀嚼被唾液溶解，刺激了味觉神经的末梢，于是传递给脑神经中的味觉神经纤维，从而引起味觉。谷氨酸是一种氨基酸，经过精制后成为谷氨酸钠。它可以使食品的风味增强，鲜味增加。池田发现了它可以助鲜的秘密后，味精才堂堂正正地走进家家户户。

桑拿浴发祥于芬兰

桑拿浴作为一种洗澡和健身方式，已经遍布世界各地。桑拿浴实际就是一种“蒸气浴”，只不过是它的名称奇特罢了。很多人都熟悉桑拿浴，但却很少有人知道它起源于哪个国家。

原来桑那浴起源于芬兰，已有数千年的历史。公元前，桑拿浴室是芬兰人举行祭祀仪式的场所。古代芬兰人把浴室看做是最洁净的地方，参加各种喜庆活动，人们都要先去那里沐浴，洁身之后再去活动。在乡村，妇女每逢生孩子，都要在桑拿浴室进行。人们还要在浴室内腌制、加工肉食、烘干麦芽等。这种古老的传统，在芬兰人中至今还保持着。

在芬兰不论是繁华都市，还是穷乡僻壤，无论是在国家的公务机关，还是在关押犯人的监狱，几乎到处都有桑拿浴室。“先盖浴室，后盖房”是芬兰人的传统观念。据统计，芬兰全国有人口480多万人，有桑拿浴室130万个，平均每3～4人就有一间浴室。

人类社会初期，浴室只是一个洞坑，后来随着社会的发展逐渐演变成圆木结构的小屋。这种小屋密不透风，中央有个大铁炉，上面装满石块，洗澡时用木材把石块烧热，把水泼在石头上，室内立即充满蒸气，室温高达39°～50°。沐浴者赤身裸体进入浴室，在高温的蒸气中，很快就汗流浃背。浴者在湿热的蒸气中，不但身心轻松，而且处于悠悠冥想之中。沐浴时，浴者用一束带叶的白桦枝条不停地在身上拍打，使汗水透出，这样有益于血液循环。夏季人们从浴室中沐浴后，随即跳入湖里游泳。冬季，一些冬泳爱好者沐浴后，则跳进冰窟窿或在厚厚的雪地里打滚。这种奇特的桑拿浴，冷热的温差变化，使芬兰人保持充沛的精力。

埋在地下的“导引图”

1973年12月，在长沙马王堆三号汉墓内出土了一幅绘有各种运动姿态的彩色帛画。图前没有名称。汉墓帛书整理小组根据图中所绘的运动姿态和每个图像侧旁所标的文字内容推定，这幅帛画，就是古代的《导引图》。

所谓导引，是要求呼吸运动和躯体运动相结合的一种体育医疗方法，相当于今天的保健医疗体操。“导引”，早在春秋战国时期已经广泛流行，但可惜已无详细的文字记载，更见不到具体形象的动作图解。

三号汉墓出土的《导引图》，长约100厘米，高约50厘米。上面绘有44人，分为四排，每排11人，人像高9~12厘米，有男有女，有老有少，做出各种动作，供人们对照图像进行练习。

导引图上指导人们健身的方法十分科学。如描述运动的各种姿态：伸展、屈膝、转体、跳跃等；还有器械运动如棍棒、沙袋、球类等。另外还说明了这类动作是模仿哪种动物的动态。如“熊经”是先秦以来最常用的导引动作，但从未见过形象的说明。导引图中有“熊经”一节，画着一个男子，穿着长袍，模仿着笨拙的熊缘援树木。导引图还指出某种运动方法所针对的病症，如有治疗眼科病症的，有治疗下肢运动不便症等。

三号汉墓出土的导引图，其价值很高，可以说是迄今为止我国古代最早的健身图谱了。它不但引起国内医学界和体育界的重视，而且在国际上反响也很大。

侦破炭疽病

19世纪以前，炭疽病在欧洲的许多牧场流行。牲畜一旦染上这种疾病，周身血液发黑，几天之内便会统统死光。昨天还是十分富有的牧场主，转瞬之间便成为可怜的穷光蛋。更为可怕的是，这种疾病如果传染到人体，即刻会出现高烧、脓包，一旦治疗不当，很快就会死亡。当时，人们无法解决这个难题，直到1875年，这个被人们喻为“恶魔”的疾病，才最终被德国的著名医生罗伯特·科和征服。

科和征服炭疽病经历了一个艰辛而曲折的历程。他为此付出了昂贵的代价和常人无法忍受的磨难。他的研究工作是从一滴血液开始的。

一天，科和出诊路过一家小店铺，听到里面有人在议论："恶魔又降临了，霍威尔农场昨晚一夜间就死了6头牛！"科和闻后，立即奔向霍威尔农场。在神色沮丧的农场主的陪同下，科和用手术刀从一头死牛的喉管里取出一点血块放进试管，然后匆忙返回家中。

在科和简陋的实验室内，他在两块玻璃片上各涂一滴血，然后放在显微镜下观察。他看到的是一个黑色的血液世界，连红细胞也变得发绿。在黑色的血液世界里，他发现几粒像灰尘一样的东西漂浮在血液中。再进一步地观察，他发现这几粒灰尘似的东西很像一根小短棒，有的是单独的一根，有的是几根连在一起，很像一条线。"这是什么东西呀？难道这些小短棒状物就是炭疽病的致病物吗？"科和的脑海里整日想着这件事。他决定用实验证明自己的想法。

科和首先从肉铺弄来健康的牛、羊的血液，进行观察之后，发现这些血液中根本没有这种小棒状物存在。"如果把这小棒状物放到健康的牛羊体内，可能会感染灰疽病的吧？"科和打算用试验证明自己的想法，但是清贫的科和无法购买健康的牛羊来实验，只好用小白鼠来代替。

科和热衷于自己的实验，每天早起晚睡地工作着、探索着。

注入小棒状物的小白鼠果然死掉了。科和对死白鼠进行解剖时，白鼠流出了黑色的血液，同患炭疽病死亡的牛羊的症状完全相同。他把血液放在显微镜下观察，发现了黑色的小棒状物的存在。科和又把这只死白鼠的血液注入到其他小白鼠的体内，次日去看，小白鼠已经死去。经解剖观察，死亡症状与前者完全相同。科和又连续做了30多次实验，所有被实验的小白鼠都出现同一症状而死亡。由此表明，这黑色的小棒状物就是炭疽病的病原体。

尽管科和已经确认这黑色的小棒状物就是炭疽病的病原体，但他仍觉得认识还不够清楚，实验仍需继续进行。他想："如果能了解小棒状物最后成为线状物的生长过程，那么，炭疽病秘密的第二个关键就可以解决了。"可怎样能观察到小棒状物的生长过程呢？这倒是件很伤脑筋的事。科和经过冥思苦想，终于有了主意。

科和从肉铺主人那里要来牛眼球，又按人体的体温，做了个恒温装置。他把所用的涂片加热消毒，在一块涂片的四周涂上凡士林。然后，他在涂片上滴上牛眼球的透明液，再用针挑进一点带病菌的血液，接着用一块中间有凹窝的涂片盖在上边，由于凡士林的黏合，这两块合在一起的涂片组成的装置，不仅

可以任意翻转，而且极容易观察。由于凡士林的密封，保证了外界的其他细菌不能混入。这是一个极为理想的装置。兴奋的科和一直守在旁边，细心观察着它的变化。

30分钟，40分钟，1小时，时间一分一秒地过去了，变化并不明显。科和的额头渗出了汗珠。又过了一个多小时，紧张观察着的科和看到血液的周围似乎有极小的东西在蠕动。接着又看见小棒状物的头部在动。显微镜下直接看到的小棒状物在活动，在成长，不知不觉中，小棒一分为二了，数目迅速增多，而且逐渐相互连接而变成线状的东西。科和终于看到了小棒状物的成长过程，他高兴地跳了起来。

炭疽病的病原菌已经找到，并且又培养成功。但科和还是不放心，更不打算公开发表自己的成果。他觉得应该再做进一步的探索。

由于偶然的念头，科和用最早培养出来的炭疽菌又做一次观察。当他刚刚接触显微镜时，惊异地大声叫道："哟，这是怎么回事?"原来，每次所见到的小棒状物几乎完全消失，显微镜所见之处，都是成串珠似的东西。好事多磨，科和的研究工作又碰上了一道难关。看来，科和的谨慎还是很有必要的。

明明都是炭疽病的病原体，为什么有时是小棒状物，有时是线状，有时又成串珠呢？科和对此百思不解。当科和读了法国科学家巴斯德对葡萄酒发酵问题的研究报告后，得到了新的启发。“是呀，炭疽菌也很可能因生存条件不好，变为孢子而等待时机。”科和自言自语道。思路打开了，科和的研究方案也有了。

科和双管齐下。首先，从培养基里取出小串状物体，注射到小白鼠的尾部，以观察反应；同时，他在涂片上滴入透明液，加入小串珠物体，加温，用以在显微镜中观察变化。

科和从观察中发现，那些小串珠物体在分裂成一个个小黑颗粒，慢慢地从小黑颗粒变成小棒状物。

科和终于明白了其中的秘密，他在自己的实验报告中写道：“在寻找传染病的病原菌时，应该注意：第一，同一种微生物会因条件、环境不同而变换它的形状；第二，必须把这种微生物进行人工培养，以观察它的生长变化和用于实验；第三，必须用培养物在动物身上进行试验，以确证是否能引起疾病发生。”并详细地介绍了实验的方法。在最末部分里又具体提出：“炭疽病在活着的动物体内是以小棒状物存在。在动物死后或离开动物身体时，由于客观条件恶化，它以小串珠子形状的孢子存在。当它再次进入动物体内时，马上恢复成小棒形状开始迅速繁殖，

进而破坏血液。”

科和充满信心地把自己的研究成果送给著名的科学家费迪南博士，他受到充分的肯定。科和于1875年4月30日进行了公开试验，最终获得了圆满成功。

科和的研究，揭开了多少年来不能解开的谜，为人类探索炭疽病的发生和发展，做出了伟大的贡献，从而在世界医学领域中获得了崇高的荣誉，受到了人们的尊崇和爱戴。

法国最早的听诊器

听诊器是医生检查病人、诊断疾病的一种重要器械。它是法国人发明的。

在听诊器发明以前，医生听诊采用的是直接听诊法，即隔着一条毛巾用耳朵直接贴着病人的身体的适当部位进行听诊。这种听诊既不卫生，又因其听音范围较广，难于准确辨别音响发生的部位，而且不是人体任何部位都允许或便于应用此法的。所以，诊断疾病成了医学领域的一大难题。18世纪中叶，奥地利医生奥延布利加发明了叩诊法，即用手指叩击人体一定部位，根据所发出的声音和局部抵抗力来判断疾病。然而，这种方法常常因患者肥胖而难以实行。有些病还无法用它来诊断。

1876年，法国医学家雷内克氏，被请到一位贵妇家里诊病。病人表现出心脏病症状，但因她过于肥胖，用叩诊法检查很难得到令人满意的结果。病人又是一位年轻的贵妇，不宜于用耳朵直接贴附病人的胸部听诊。这下子可难住了医学家。“到底用什么方法来诊病呢?”他正在苦苦思索时，忽然想起以前曾见过的一件事：一天，他看见一群小孩在一根大圆木上嬉戏，一个小孩在一端用针刮划，另一些小孩子以耳朵贴在另一端听，突然听到声音高兴地欢呼起来……于是，他效仿那些孩子的作法，将纸紧紧地卷成一个圆筒，将一端放在病人心脏部位，另一端贴在自己的耳朵上。结果奇怪的现象出现了，他听到了心脏跳动的声音，而且比直接用耳朵贴着胸部听诊更清晰。他准确地诊断出贵妇的病症，并进行了合理的医治。

回家后，他根据这个原理，创制了一种原始的听诊器，它与现在产科用来听胎儿心音的单耳式木制听诊器相似，并于1819年将这个发明写进举世闻名的《间接听诊法》一书中。从此，单耳式听诊器在医疗卫生领域广为使用。后经不断改良，又制造出现在这样的双耳听诊器。